Auteur : Guillaume Hassler
Photographies : Victor Bermon
Graphisme : Dominique Denis

SUR LES RIVES DU YANG-TSÉ KIANG

éditions du non-agir

ISBN 979-10-92475-47-0

© éditions du non-agir 2017

Toutes les photographies d'époque sont © Guillaume Hassler.

Autres illustrations : © Dominique Denis

Imprimé au Royaume-Uni par Lightning Source UK

Dépôt légal janvier 2017
_____
Tous droits de traduction, de reproduction et d'adaptation réservés pour tous pays.

Au lecteur

L'essentiel des textes de cet ouvrage est extrait de la correspondance privée de l'enseigne de vaisseau Victor Bermon ou de documents conservés aux Archives historiques de la Marine et consultés par l'auteur, Guillaume Hassler, arrière-petit-fils de Victor Bermon. Ces sources historiques ont été adaptées pour conférer au texte l'apparence d'un récit au fil de l'eau plutôt que celle d'un ouvrage documentaire. *Cependant, les faits et les dates sont bien réels.*

Les noms chinois ont été conservés dans le texte comme ils s'écrivaient au début du XXe siècle sur les cartes françaises ou dans la correspondance privée ou officielle, c'est-à-dire comme Victor Bermon lui-même les a transcrits. En conséquence, les transcriptions diffèrent non seulement du pinyin familier aux lecteurs d'aujourd'hui, mais aussi, très souvent, des transcriptions plus correctes de l'École Française d'Extrême-Orient qu'utilisaient les sinologues. En fin d'ouvrage, un lexique permet de les rattacher aux transcriptions modernes et aux caractères chinois correspondants.

Les aventures de l'enseigne de vaisseau Bermon

Officier et photographe, Victor Bermon parcourt le monde de 1906 à 1928

Sur les rives du Yang Tse Kiang

Nous sommes en 1906. Pour l'Occident, c'est le temps de l'industrialisation, des conquêtes coloniales et des comptoirs marchands à travers le monde sur des territoires encore peu connus et au potentiel commercial prometteur. C'est dans ce contexte que l'enseigne de vaisseau Victor Bermon est affecté sur l'*Olry*, une canonnière de l'Escadre d'Extrême-Orient, dont la mission est de « montrer le pavillon » français sur le cours supérieur du Yang-tsé Kiang, le « Fleuve Bleu ». Depuis 1901, l'*Olry* assure la reconnaissance et l'exploration, par voie fluviale, de certaines zones reculées de la province du Sseu-tch'ouan, en remontant le Haut-Fleuve et ses affluents. Passionné de photographie, Victor Bermon a fait l'acquisition d'un appareil photo stéréoscopique à plaques de la marque Vérascope Richard, très réputée à l'époque. Il part donc, muni de cette « merveille » pour la Chine et plus particulièrement Changhai, sa première étape dans la découverte de ce que les marins qui l'ont parcouru appellent

tout simplement « Le Fleuve ». Son affectation s'avérera riche en événements et surtout en découvertes. Au fil du fleuve et du temps, il se passionne de plus en plus pour ce qu'il découvre et prend un nombre croissant de clichés, réalisant ainsi, sans le vouloir, une sorte de collection photo-ethnographique de très grande valeur. Certaines de ces photos feront l'objet de cartes postales qu'il devra vendre anonymement. C'est cet ensemble de plaques de verre stéréo, de courriers et de documents retrouvés des décennies plus tard dans le grenier de la maison de famille qui compose l'iconographie de cet album-roman.

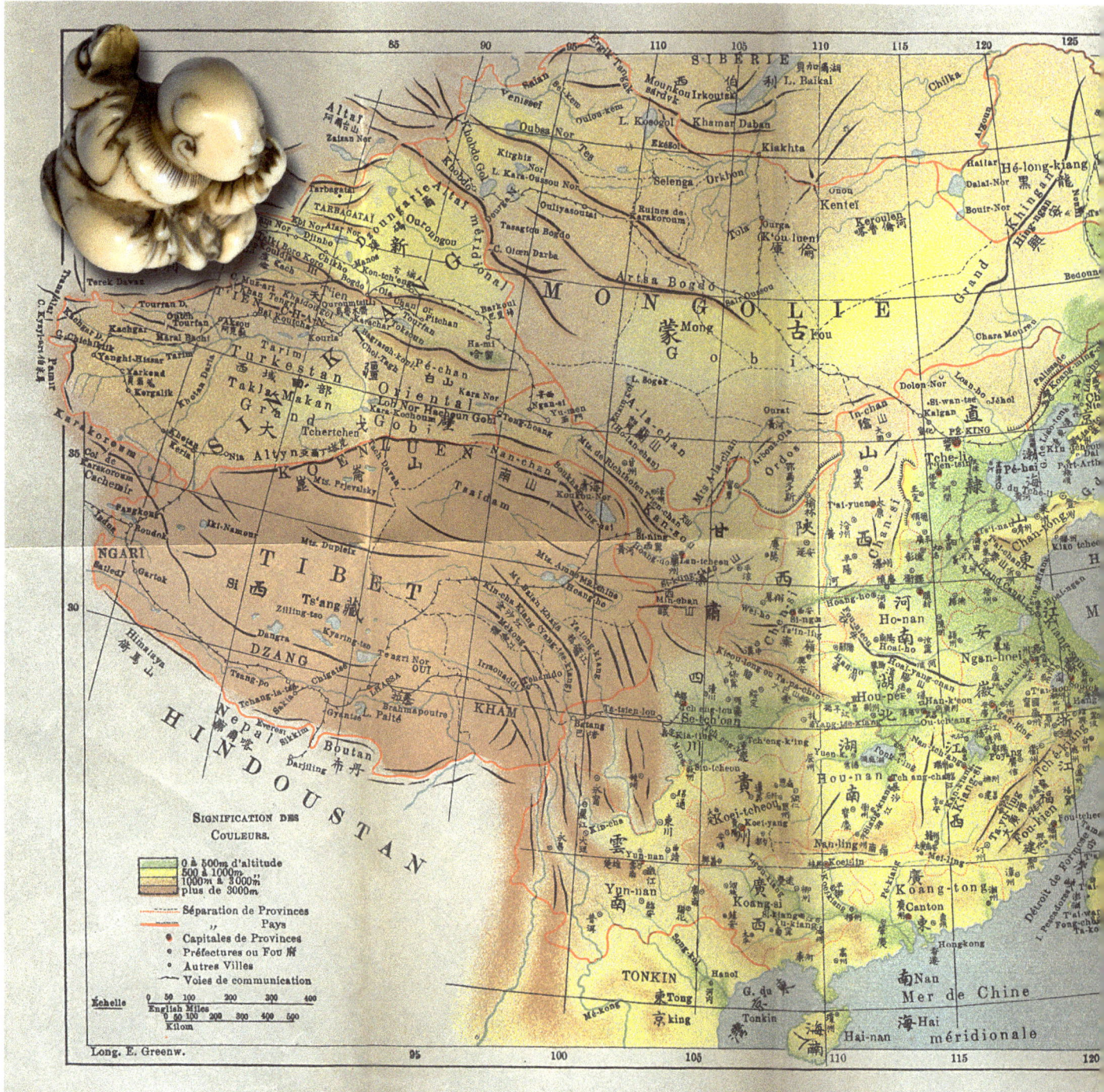

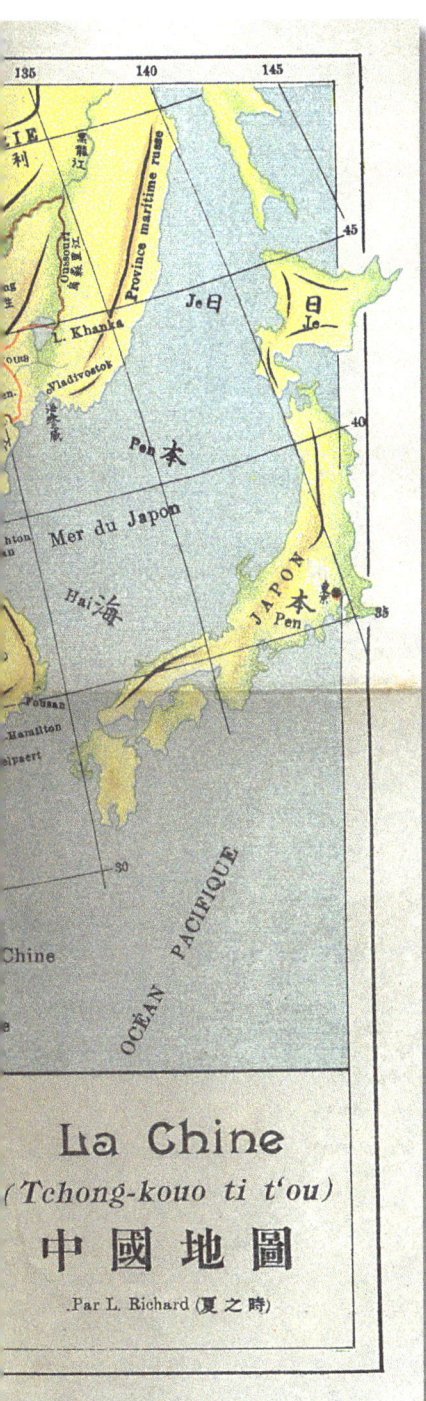

En préambule

À LA FIN DU XIXᵉ siècle, les contradictions entre le gouvernement corrompu des Qing et le peuple chinois ont atteint un seuil plus que critique. Depuis les guerres de l'Opium, le régime mandchou a été contraint de mener avec l'Occident une politique faite d'accommodements et de reculades, au détriment de la souveraineté nationale. Les ambitions territoriales des pays occidentaux et du Japon ne prennent même plus la peine de se cacher. Le sentiment nationaliste chinois, qui alimente d'innombrables organisations secrètes, va pousser l'une d'entre elles à la révolte. Les « Boxers » ou « Poings de Justice et d'Harmonie » massacrent les missionnaires catholiques ou protestants et les Chinois convertis et assiègent les légations étrangères à Pékin, avec le soutien plus ou moins inavoué de l'impératrice douairière Tseu-hsi. La réaction des puissances coloniales est très violente et plutôt sanglante. Tandis que les troupes russes occupent la Mandchourie, un corps expéditionnaire international se forme pour dégager les légations européennes, assiégées à Pékin pendant cinquante-cinq jours. La victoire offre alors une opportunité supplémentaire aux nations européennes de consolider encore un peu plus leur emprise sur la Chine. Français et Allemands, ces derniers de plus en plus présents à Changhai, trouvent ainsi une occasion de rattraper leur retard sur l'Angleterre qui avait jusqu'alors – certes depuis peu – le monopole de la navigation à la vapeur sur le Haut Fleuve.

C'est le début de l'exploration du cours supérieur du Fleuve Bleu par les canonnières occidentales.

15 avril 1906
Yang-tsé Kiang, Empire chinois

5h40, peu après le rapide de Wan Tieou T'an

— Bermon, il est temps de prendre votre quart, je vais me reposer.
　— À vos ordres, Commandant.
　Emmitouflé dans ma vareuse, je gagne rapidement le kiosque de la barre sur le pont supérieur de la canonnière.
　— La navigation est difficile, me confie Monsieur Plant, notre pilote, chapeau vissé sur la tête, outre ces petits rapides que nous franchissons depuis plus d'une heure, cette zone est pleine de bancs de sable et je ne sais pas si…
　Un terrible raclement de la coque se fait entendre.
　— Stoppez les moteurs !
　En quelques instants, la moitié de l'équipage est sur le pont, inspectant les méfaits de cette infortune. Le commandant Grellier qui était retourné à sa cabine me rejoint au poste de pilotage.
　— Lieutenant, la coque semble avoir tenu mais je pense que nous avons cassé le gouvernail, me dit il.
　Son intuition est juste, le choc sur le banc de sable a littéralement brisé la pièce en deux.

En un peu plus d'une heure, nous dégageons l'*Olry* du banc de sable et nous le hâlons jusqu'à la rive gauche du fleuve.

— Il faudra au moins deux semaines pour qu'un nouveau gouvernail nous parvienne, et encore, je suis optimiste, me dit le commandant.

— Nous pouvons fabriquer une pièce de rechange, ça devrait tenir jusqu'à Tchong King et de là, on enverra un télégraphe aux chantiers Farnham pour qu'ils nous expédient un gouvernail.

— C'est effectivement la seule solution.

Sous le regard toujours expert de M. Plant, nos charpentiers se mettent à l'œuvre. Nous abattons un mûrier blanc et, en un peu moins d'une journée, nous confectionnons un gouvernail de fortune.

Deux mois auparavant, le 20 février 1906, 17h, Haïphong, Tonkin

Je m'appelle victor félix bermon. Je suis enseigne de vaisseau de première classe dans la Marine Nationale et je suis en route vers mon affectation à la flottille fluviale du Yang-tsé, comme officier en second de la canonnière *Olry*. J'ai vingt-neuf ans. J'ai quitté Toulon début janvier à bord du *Cachar*, un transporteur de troupes racheté l'année dernière à l'armée par la compagnie des Messageries Maritimes, destination Haïphong au nord Tonkin.

Descendu sur le débarcadère de Haïphong, je prends mon premier cliché. Mon vieil oncle André, frère de ma mère, qui avait un magasin d'appareils photo à Nice, m'a enseigné l'art de la photographie. J'ai amené avec moi un « Vérascope Richard » rallongé, une véritable merveille.

Je profite de ces quelques journées indochinoises pour saluer le Sông Hông, le Fleuve Rouge.

Je n'ai pas pu rester bien longtemps à Haïphong car dès mon arrivée en Indochine, j'ai dû rembarquer sur un aviso de l'Escadre d'Extrême-Orient afin de rallier Changhai au plus vite.

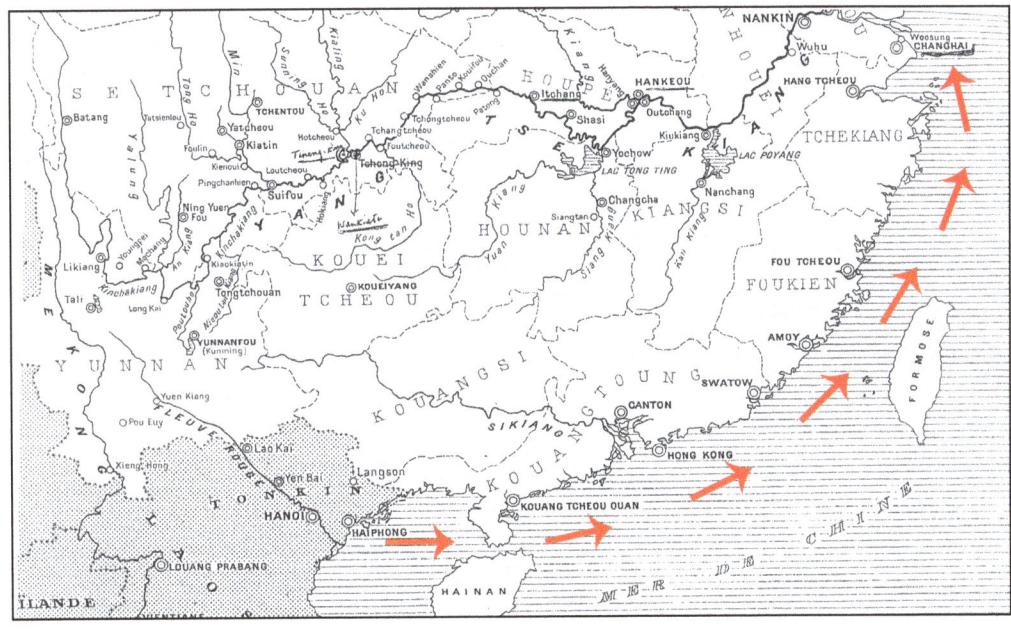

Après quelques jours en Mer de Chine, nous apercevons enfin l'embouchure du Fleuve Bleu. Puis nous embouquons le Whangpoo, longeant jonques, vapeurs et navires de guerre au mouillage de Woosung.

C'est la tête encore pleine de souvenirs radieux du Tonkin et de la Mer de Chine que j'arrive à Changhai en cette fin de journée du 23 février 1906. Plus de dix mille navires se croisent ici chaque année, donnant à ce port son caractère unique en Extrême-Orient.

Les jonques de commerce, les jonques de douanes, les jonques de voyageurs, les jonques officielles de mandarins s'entremêlent aux cuirassés et paquebots étrangers. La couleur de l'eau est très particulière, due sans doute à cette quantité incroyable de limon jaunâtre déversé par le fleuve. Je comprends alors que le fameux Fleuve Bleu n'a de bleu que le nom !

La ville est tout aussi passionnante, composée de la cité chinoise, de la concession française et des autres concessions étrangères ; le cosmopolitisme y est extraordinaire, et en face des vapeurs qui croisent sur le Whangpoo, surgissent à chaque instant des personnages qu'on croirait sortis d'un autre siècle. Le Bund, avec ses rickshaws, ou pousses-pousses, m'enchante particulièrement. Des marchands de toutes sortes se mêlent aux policiers indochinois, aux Sikhs enturbannés, aux Européens et aux Mandarins.

Je dois me rendre au Consulat général de France : il paraît que Monsieur le Consul tient à recevoir en personne tous les officiers affectés en Chine, même s'il n'a pas d'autorité directe sur eux. Peut-être un souvenir de l'affaire Hourst, qui a vu, cinq ans auparavant, le premier commandant de l'*Olry* prendre des initiatives diplomatiques malencontreuses en plein cœur du Sseu-tch'ouan… Après avoir demandé mon chemin à l'officier marinier de service, je longe le Quai de France vers le nord ; le Consulat est tout près, à l'extrémité est de la concession française.

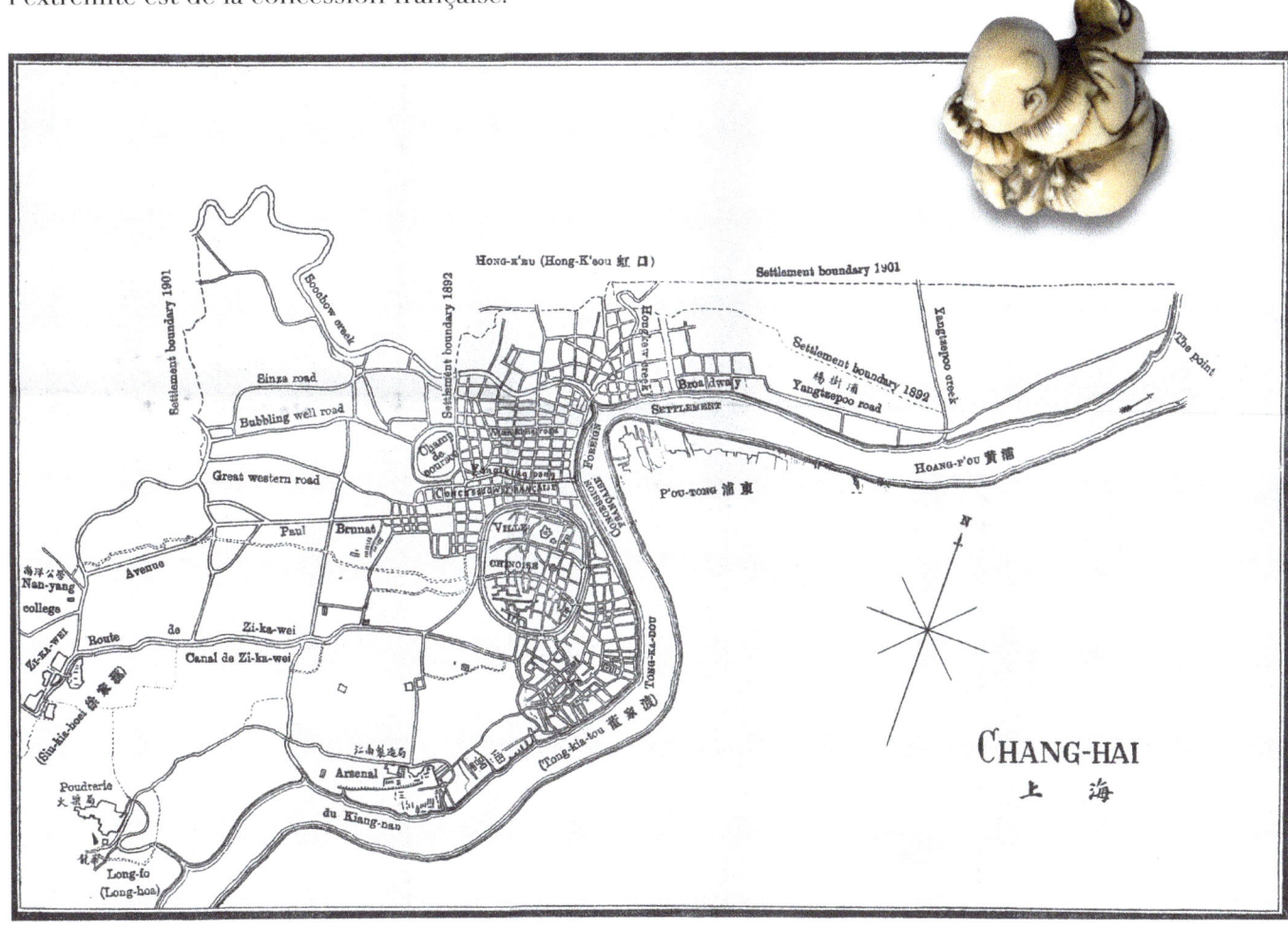

Une jungle humaine enfiévrée grouille dans les rues de Changhai. Ici beaucoup parlent le pinyin, un subtil mélange de portugais, d'anglais, de maltais voire de français, ce qui permet à tout le monde de se faire comprendre dans tout l'Extrême-Orient. C'est l'eldorado des aventuriers, le paradis des banquiers et des affairistes. La nuit, ces chercheurs de fortune brûlent dans les salles de jeux, les claques ou autres fumeries d'opium qui pullulent dans la cité, ce qu'ils ont gagné dans la journée.

— Entrez !
— Monsieur le Consul, l'enseigne de vaisseau Bermon est arrivé, voici sa carte...
— Parfait, veuillez le faire rentrer et apportez-nous un peu de thé.

— Alors, Lieutenant, votre voyage s'est-il bien passé ?

— Très bien, je dois avouer que Changhai m'impressionne beaucoup.

— Dites-vous bien que les bas-fonds de cette ville ne sont rien comparés aux dangers du Yang-tsé. En tant que commandant en second de votre bâtiment, vous aurez à remplacer votre commandant au pied levé en cas de maladie ou d'accident... Alors mieux vaut que vous sachiez à quoi vous attendre. La mission des canonnières est simple dans l'énoncé, mais beaucoup moins dans la pratique quotidienne : montrer notre pavillon dans le bassin supérieur du Yang-tsé, protéger nos nationaux si besoin et encourager les intérêts commerciaux qui peuvent être appelés à se développer dans la riche province du Sseu-tch'ouan. Mission pacifique, il va sans dire, et qui peut exister parallèlement à celles, similaires, que les Anglais et les Allemands confient à leurs propres bâtiments. Il y aura aussi à compléter la reconnaissance hydrographique du fleuve et à la pousser le plus loin possible. Votre commandant, le lieutenant de vaisseau Grellier, vous donnera bien entendu tous les détails. L'*Olry* vient juste d'être équipé de nouvelles chaudières et stationne à Changhai, ce qui est assez rare. D'habitude, les officiers et hommes d'équipage rejoignent la canonnière directement à Itchang.

— Tout ceci me semble assez clair, j'ai hâte de connaître ce fameux *Olry*, le bébé du commandant Hourst.

— Hourst a effectivement forcé l'admiration de tous en remontant le fleuve pour la première fois il y a quatre ans, et si nous rivalisons avec les Anglais et les Allemands c'est grâce à lui... Mais il a commis une lourde erreur en se mêlant de politique interne qui ne le regardait pas, ce qui lui a valu un blâme. Alors restez à votre place, Lieutenant. La Chine est un véritable baril de poudre dont tout le monde, Chinois comme étrangers, semble s'évertuer à allumer la mèche. La situation est explosive, gardez-le toujours à l'esprit.

8 mars 1906, 9h, bas fleuve, après Kiukiang

L'*OLRY* A APPAREILLÉ le 27 février et je commence à me familiariser avec la vie à bord. L'*Olry*, la « Soap Box », ou boîte à savon, comme l'ont surnommé les Anglais. Hourst l'avait baptisé ainsi en souvenir de l'amiral Olry qui avait laissé à Changhai un souvenir vivace au moment de la révolte des Taiping. C'est un bâtiment de trente-cinq mètres de long et de six de large, pas très élégant, il faut le reconnaître. Un ancien remorqueur transformé en canonnière par la maison Farnham, Boyd et Cie, de Changhai. Hourst l'avait acheté cinq cent mille francs. La coque est extrêmement robuste, le fond est recouvert de ciment mélangé à du sable. Un liston de bois ceinture complètement le bateau. Armé de six pièces de 37 à tir rapide, il est équipé de deux moteurs alternatifs et de deux chaudières à charbon. Sa consommation est invraisemblable : une tonne par heure ! Nous avons embarqué plus de quarante tonnes de charbon auquel nous ajouterons parfois de l'huile végétale lorsqu'il faudra traverser les rapides. Outre la cabine du commandant Grellier, qui est située sur le spardeck, MM. Bourrut et Plant, respectivement le docteur et le pilote, et moi-même avons une cabine particulière, mais dont l'espace habitable ne dépasse pas le mètre carré et demi. Le pont arrière accueille le poste des seconds maîtres ainsi que la chambre du maître mécanicien et le poste de l'équipage qui abrite la vingtaine d'hommes européens constituant l'effectif de la canonnière. Enfin le poste de l'équipage chinois est situé à l'avant. La chaleur dans les cabines, adjacentes aux machines, est telle qu'il faut parfois ordonner aux hommes d'arroser les cloisons autant qu'ils le peuvent pour éviter au bois de s'enflammer spontanément.

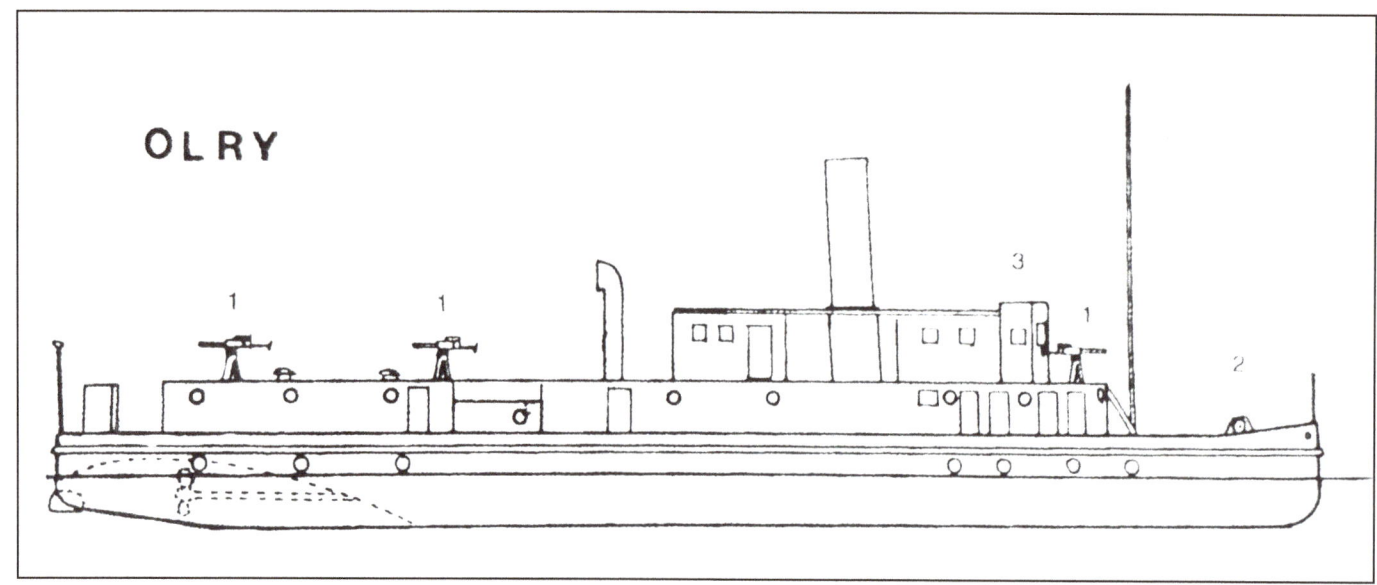

La première section du fleuve, le « Bas Fleuve » entre l'embouchure et Hankeou, est plutôt agréable à la navigation, le courant y est faible, environ cinq nœuds. Si le pilotage reste délicat parfois, la manœuvre ne présente pas vraiment de difficultés majeures. Le cours du bas Yang-tsé, le « Père des eaux » ou « Long fleuve » comme le nomment les Chinois, le Fleuve Bleu (appellation héritée des Pères jésuites), est bordé de plaines parsemées de collines couvertes de ficus.

La voix du commandant me sort brutalement de mes rêveries.

— Le charbon que nous venons d'embarquer à Kiukiang, sous prétexte de faire des économies, est d'une qualité déplorable, c'est encore un de ces mélanges de mauvais japonais et de chinois pire encore.

— Oui c'est vrai, j'ai encore demandé aux gars de décrasser les grilles et de retirer les blocs de mâchefer, mais je m'inquiète pour les plaques de tête et les tubes, ça ne va pas tenir.

— Ça tiendra, Bermon, l'*Olry* en a connu d'autres. La bonne nouvelle vient de nos chaudières, il n'y a plus aucun suintement, il va falloir les garder en bon état.

— J'y veillerai. Mais dites-moi, Commandant …pourquoi sommes-nous partis si précipitamment de Changhai ?

— Il y a eu des incidents à Nanchang sur le lac Poyang, il y a quelques jours, six missionnaires ont été massacrés suite à l'assassinat ou au suicide, selon les versions, du Kiang.

— Le Kiang ?

— Oui, le sous-préfet dans l'administration chinoise. Nous devons montrer le pavillon afin de ramener le calme dans la région… Et tenter de savoir ce qui s'est passé.

Nous avons appareillé de Kiukiang dans la matinée, dès l'embarquement du charbon terminé. Nous avons pris à bord deux marins anglais afin de les transporter jusqu'à Nanchang, où était mouillée leur canonnière, le *HMS Snipe*.

La traversée du lac s'est déroulée sans soucis majeurs mis à part l'encrassage des chaudières qui restait ma principale préoccupation. À l'entrée du lac Poyang, le fort d'Hokau a envoyé à notre rencontre un officiel chinois qui nous hèle :

— Rapprochez-vous ou stoppez, j'ai une communication importante à vous faire. Aucun marin ne doit débarquer armé à Wucheng ou à Nanchang, pour éviter de l'agitation et peut-être des troubles plus graves encore.

À notre intense stupéfaction, il s'est exprimé dans un français presque parfait ! Grellier, ébahi, reconnaît alors le général Tcheng Ki-Tong, qu'il a rencontré il y a seize ans alors que celui-ci travaillait à l'ambassade chinoise à Paris ! Le général a été dépêché par le Vice-Roi de Nankin pour faire la lumière sur les événements et nous accueillir. Grellier lui répond calmement :

— Mon Général ! Nous ne prendrons que les mesures dictées par les événements…

Je commence à me dire que les conseils du Consul n'étaient pas forcément superflus et je mesure enfin l'importance de ce jeu diplomatique auquel, jusqu'ici, rien ne m'avait préparé, pas même mon expérience passée à Madagascar. Des jonques canonnières chinoises sont postées aux environs du port de Wucheng et aux confluents des principaux cours d'eau. À terre, plus de six cents soldats patrouillent en ville.

Alors que le commandant doit s'entretenir avec le gouverneur de Nanchang sur le déroulement des sinistres événements, je dois aller avec le général Tcheng inspecter ce qu'il reste de la mission. Nous laissons à bord le reste de l'équipage sous les ordres du quartier-maître fusilier Lanvin, avec l'ordre de n'ouvrir le feu qu'en cas extrême de légitime défense. Le docteur Bourrut est chargé, quant à lui, de la triste mission d'effectuer la visite médico-légale sur les cadavres des missionnaires et des deux femmes assassinées.

Je croise en chemin quelques anciens émeutiers prisonniers portant la « cangue ». Curieux supplice ; j'appris plus tard que ces hommes restaient parfois plusieurs mois avec ce carcan.

Le calme semble être revenu en ville, c'est sans doute dû aux ordres du gouverneur d'arrêter tout nouveau trouble-fête et de rétablir l'ordre. Arrivés sur place, nous constatons que la mission, le collège et l'hôpital ont été entièrement détruits, il ne reste pas un morceau de bois debout : l'incendie a tout dévoré et les murs, à demi écroulés, gardent les traces de la violence passée. Difficile cependant de prendre une photographie : le général Tcheng pourrait mal l'interpréter. Je suis pourtant fort heureux de l'avoir avec moi : la communication entre nous est grandement facilitée par sa maîtrise exceptionnelle de notre langue, même s'il est un peu rouillé depuis quinze ans qu'il a quitté Paris, et je ne crains pas les éventuels problèmes qu'une mauvaise traduction pourrait entraîner. Un autre avantage de cette situation est que je peux lui parler avec une certaine franchise sans qu'il ne risque de perdre la face auprès de ses subordonnés qui ne comprennent strictement rien à notre conversation.

— Que s'est-il passé ici, mon Général ?

— Au surlendemain de la nouvelle lune, me raconte-t-il, lorsque les autorités ont vu l'effervescence produite en ville par la nouvelle de la mort du Kiang, elles ont cherché à calmer le peuple en faisant placarder des affichettes annonçant que des enquêtes seraient faites mais qu'il fallait à tout prix éviter l'émeute et ses fâcheuses conséquences.

— Tout à fait fâcheuses effectivement, mon Général !

— Les mandarins n'ont pas su calmer la foule hostile, Lieutenant, les soldats gardant les établissements occidentaux ont été rapidement débordés, laissant les émeutiers détruire la mission. Il y avait très probablement d'anciens Poings de Justice parmi eux… Vous savez, la rancune envers le Sac du Palais d'Été et la défaite, il y a moins de six ans, est encore très vivace pour une partie de la population.

Dans l'ancienne bâtisse du Père Lacruche on ne trouve que vitres cassées, malles ouvertes, portes enfoncées et vêtements épars dans les coins.

— La foule a dû entrer par les deux côtés à la fois, qu'en pensez-vous, mon Général ?

— Oui, et ils ont traîné ce pauvre homme jusqu'au fleuve pour l'achever au milieu de la rue, me répond l'officier. Et, percevant mon dégoût, il rajoute :

— Même là-bas, en cette France civilisée qui est un peu ma seconde patrie, vous avez connu de ces débordements de foules, balayant tout devant elles. Aujourd'hui encore, beaucoup de grèves n'entraînent-elles pas de sanglantes rencontres entre ouvriers et soldats ?

Et comme pour me prouver que l'ordre a été rétabli, le général me demande d'assister à une exécution capitale. Pour ne pas perdre la face non plus, je me dois de ne pas reculer devant cette triste expérience.

17 mars 1906, 12h30, Nanchang, Lac Poyang

APRÈS PLUS DE DEUX SEMAINES de présence sur les lieux du massacre, nous sommes relevés par la *Décidée*, canonnière du bas fleuve du type « Surprise », qui aura pour mission de protéger la mission. Après nous être entretenus avec le lieutenant de vaisseau Le Blanc, commandant de la *Décidée*, pour lui passer la suite, nous procédons aux derniers embarquements de poulets et d'œufs pour l'ordinaire. Nous effectuons rapidement quelques relevés topographiques des mouillages de Nanchang et Wucheng qui s'avèrent être excellents pour l'*Olry*, lequel souffre tant du clapotis de certaines rades comme à Nankin ou à Kiukiang.

« *la Décidée* »

J'en profite aussi pour photographier les pêcheurs aux cormorans ou pélicans.

— Ces oiseaux marins, une corde autour du cou, après avoir attrapé leurs proies, les régurgitent dans le sampan de leur maître, me glisse Grellier.

20 mars 1906, 05h30, non loin de Hankeou

LE MAÎTRE MÉCANICIEN me réveille plutôt brutalement :
— Lieutenant ! Les portes autoclaves de la chaudière... Elles fuient, ça pisse de partout.
— Les joints n'ont pas tenu ?
— Non, Lieutenant.

Nous relâchons quelques jours à Hankeou pour tenter d'étanchéifier tant bien que mal la chaudière. Les joints pleurent encore un peu, mais Grellier décide de repartir le vite plus possible tant il est important pour nous de franchir les rapides d'Itchang avant que le haut fleuve ne soit plus navigable. La nature du pays a quelque peu changé, après les plaines basses du bas fleuve, se succèdent maintenant des falaises et nous  commençons à apercevoir les hauteurs des plateaux montagneux. Le mouvement du fleuve se fait sentir de plus en plus et l'*Olry* doit zigzaguer d'une berge à l'autre afin de rester dans le chenal, la profondeur ne dépassant pas six pieds en cette saison.

Enfin se dessine Itchang, la porte du Sseu-tch'ouan, le port principal du Haut Fleuve. C'est à partir d'ici que les vapeurs spéciaux et les jonques assurent tout le trafic sur le haut fleuve en amont.

— Nous possédons ici une jonque dépôt, m'informe Grellier, elle est suffisamment aménagée pour y passer quelques nuits.

Il n'y a en effet aucun hôtel convenable pour les quelques Européens de passage. C'est sur la même jonque que sont entreposés le matériel et le charbon commandés à l'avance.

— Je vous charge du ravitaillement en vivres, Bermon.
— À vos ordres, Commandant !

Tâche malaisée, car une bonne partie de ce dont une canonnière et son équipage ont besoin est évidemment introuvable sur place, et le transport à partir de Changhai est sujet aux caprices du grand fleuve. Le coût des vivres varie selon les saisons et reste basé sur les prix aux basses eaux, c'est-à-dire de décembre à mai. De juin à novembre, il faut compter une majoration de 20 % et de juillet à septembre, les prix augmentent de 40 % tant la navigation est périlleuse. Et cela, c'est quand les pirates fluviaux n'interceptent pas la cargaison, ou quand les mandarins n'en ont pas trop prélevé au passage… Mais il faut se faire une raison, et je descends sur le quai sous les regards pleins d'espérance des shipchandlers qui voient en moi, novice que je suis, le pigeon idéal…

Je salue en chemin des officiers anglais et allemands, fraîchement arrivés de Changhai, qui attendent leurs affectations.

Le *HMS Widgeon*, canonnière anglaise de la classe « Moorhen », au mouillage à Itchang.

Le *SMS Vaterland*, de la Ostasiengeschwader (Escadre d'Extrême-Orient de la marine impériale allemande) en approche.

Nous restons quelques jours à Itchang afin de réparer une fois de plus la chaudière et également pour charger du matériel destiné à la caserne d'Odent à Tchong King. Le commandant est soucieux : plus le bateau est lourd, moins il va vite, et plus la remontée des rapides est difficile. Plant, le pilote anglais, en revanche, semble ne jamais se départir d'un flegme très britannique.

— C'est à partir d'ici que l'on connaît la vérité du Yang-tsé, me dit-il avec le sourire. Durant les premiers milles, le fleuve reste assez large, mais progressivement nous allons nous enfoncer dans une faille creusée par le fleuve dans la montagne. Étranges paysages et tout à fait fascinants, vous allez vite vous en rendre compte, mon cher Bermon. Mais la montée des rapides ne sera pas si facile, le courant force beaucoup en cette saison.

Les gorges se sont profilées sans même que je m'en rende compte. Les collines bordant le fleuve se sont rapprochées peu à peu pour former de majestueuses falaises. Sans que l'on sache pourquoi, le fleuve fait de grandes embardées vers la droite puis vers la gauche et en même temps le courant augmente à chaque fois un peu plus. J'ai cette impression curieuse qu'il se passe quelque chose de nouveau, de très particulier, que l'eau n'est plus tout à fait la même. À chaque tournant du fleuve, je me demande si le passage ne sera pas obstrué. J'entends le murmure de l'eau en travail.

— Seul un natif du Yang-tsé peut comprendre « la nature de l'eau », sentir d'instinct ces moments où vont jaillir des masses d'eau tourbillonnantes et qui se jouent des bateaux comme d'un fétu de paille.

En me signifiant cela, Plant, qui jusqu'ici l'avait confiée à un homme d'équipage, reprend la barre. Ses sourcils se froncent quelque peu.

— Vous allez vite saisir que le manque de vitesse de l'Olry est un sérieux problème, Bermon, me dit Grellier qui est venu nous retrouver à la passerelle.

— Oui, Commandant, dès que le lit se rétrécit un peu et que le courant augmente, il semble que le bateau reste presque immobile.

— C'est l'heure du baptême, Lieutenant, nous approchons des premiers rapides.

La dangerosité d'un rapide réside dans la langue formée par l'eau rejetée par les deux berges. La course de l'eau peut atteindre plus de douze nœuds, sa densité est telle, qu'elle forme comme une coulée de fer d'une rigidité impressionnante, qui, une fois passée la dénivellation, explose en de multiples tourbillons.

— La difficulté, Lieutenant, est de maintenir l'*Olry* au milieu de la langue, me confie Plant.

Le silence de l'équipage n'est que le reflet de son angoisse. J'observe les hommes de pont qui redoutent la moindre hésitation de Plant et guettent l'apparition d'éventuels rochers. Les machines tournent à pleine vitesse, la canonnière vibre de toute part. Le vapeur avance puis ralentit, s'immobilise un temps qui semble interminable. Enfin il repart en avant, tout doucement.

— Impressionnant ! Aucun mouvement d'eau n'est constant, fais-je remarquer au pilote.

— Effectivement, chaque mouvement d'eau est unique. Gardez toujours ceci en tête et rien d'autre : rester au milieu coûte que coûte, me répond Plant.

— Comment s'appelle ce passage ?

— Le Ta-Tong T'an, sachez que T'an veut dire « haut-fond, danger, rapide ».

J'ai affronté à maintes reprises les dangers des mers et des océans, mais je sais qu'à compter de ce jour, je ne traiterai plus jamais quiconque de « marin d'eau douce » sinon pour le complimenter.

Ensuite nous franchissons le Kong Lin T'an, tout aussi dangereux.

— Le capitaine allemand Breitag, un des pionniers du Yang-tsé, s'est noyé ici en 1900 après le naufrage de son navire, le *Sui-Hsiang*, me dit Grellier. Si vous laissez le courant prendre le dessus, le bateau se fracasse sur les rochers, c'est aussi simple que cela. D'où l'importance des sampans rouges, les Hong Tchoan. Le Tchen Taî d'Itchang met à disposition des navires de passage qui nous aident à manœuvrer si besoin et à nous servir de sauvetage au cas où...

— Détail non négligeable, Commandant !

— Lors de notre séjour à Itchang, ajoute Grellier, j'ai accordé une subvention aux sociétés de navigation chinoise avec l'accord du ministère. Ces générosités facilitent nos excellentes relations avec le Tchen Taî, il nous a même proposé un sampan réservé à la France.

J'oublie quelques instants ces considérations. Mon regard est attiré par la débauche de couleurs des gorges qui se sont resserrées dans un mélange de rouge, de pourpre et de jaune, qui évoque apparemment pour les Chinois le poumon de bœuf et le foie de cheval : ce sont les gorges de Nieou Kan Ma Fei. Le troisième grand rapide est le Sin T'an, le « Nouveau rapide », qui se compose de deux barrages successifs.

La manœuvre est particulièrement délicate, obligeant Plant à tourner pratiquement à angle droit au milieu des remous alors qu'affleurent plusieurs roches entre les vagues. Puis, une fois franchi le Kien Pao T'an, nous abordons le Ié T'an, sans doute l'un des plus beaux rapides du Yang-tsé, mais qui n'en reste pas moins l'un des plus violents.

— Je ne pense pas pouvoir le forcer à la vapeur cette fois-ci, dit Plant à Grellier.

Nous allons donc devoir avoir recours au halage. À l'aide de plusieurs aussières d'une centaine de mètres, capelées sur une bitte de la plage avant, des dizaines de coolies vont ainsi faire progresser notre canonnière mètre par mètre. Ces hommes attendent patiemment le long des rapides, qu'une jonque se présente ou qu'une embarcation soit prise au piège. Ils offrent alors leurs services, à des tarifs éminemment variables qu'il vaut mieux avoir négociés au préalable.

— Il n'y a guère longtemps, c'était le travail des forçats chinois, me dit Grellier.

Les machines donnent toute leur puissance, le bateau avance lentement, puis au bout de deux heures et demie d'efforts soutenus, les six cents mètres du Ié T'an sont enfin franchis, non sans peine.

3 mai 1906, 6h, rapide de Ching oun tsé

DEPUIS LA RÉPARATION DU GOUVERNAIL de l'*Olry* que nous avons brisé le 15 avril, le temps ne se compte plus en heures ni en jours ni même en nuits mais semble rythmé par le passage des rapides comme dans un songe. Et à chaque fois, cette sensation d'être dans l'Aîon, suspendu au temps, comme enfermé dans une angoissante éternité et de les franchir comme si nous bravions la mort à chaque passage…

Fou li Tsi Wan Tieeou T'an

Sin long T'an

K'a T'an Pao tsé T'an

Tche wai T'an   Lu long tsé Hou sin T'an

Nieu Keou T'an

Tsing Chou Piao

Fong tou kien Ching oun tsé

Nous franchissons ainsi plus de cinquante rapides. La remontée jusqu'à Tchong King ne se fait pas sans difficultés : accident de treuil, rupture de l'attelage de la pompe à air, plus de cinq avaries au niveau de la pompe d'alimentation, une avarie de ventilateur et de nombreuses fuites aux chaudières. Je suis pris en aparté par Grellier quelque peu désabusé :

— Les consuls étrangers, lors de mes visites, ont mis un empressement trop unanime à louer la valeur professionnelle des marins de l'*Olry* pour que je n'y voie pas là une critique sérieuse adressée au bâtiment lui-même. Il est dur, lorsqu'on a pris le commandement de ce vapeur, de voir le sourire avec lequel chacun parle de lui. Personne sur le haut Yang-tsé ne se fait d'illusion sur la valeur de ce bateau.

Après une courte pause pendant laquelle il laisse son regard errer sur les rives pierreuses, Grellier continue :

— Les Anglais remontent d'Itchang à Tchong King avec le *Woodcook* ou le *Widgeon* en cinq jours et sans avoir besoin d'un pilote européen. Nous avons mis vingt-cinq jours, Bermon, presque autant que les jonques qui font tout le trajet tirées par les haleurs... Et de source certaine, deux canonnières japonaises, le *Fushimi* et le *Sumida*, vont tenter la remontée l'année prochaine. Les Allemands et leur *Vaterland* devraient essayer dès novembre. Seul l'établissement à terre de Wankiato, la caserne d'Odent, donne encore l'assurance matérielle que le pavillon français est établi à demeure dans le haut Yang-tsé. Le génie de Hourst tenait peut-être surtout dans la construction de cette grande bastille.

11 mai 1906, 16h, Tchong King, Wankiato base de l'*Olry*

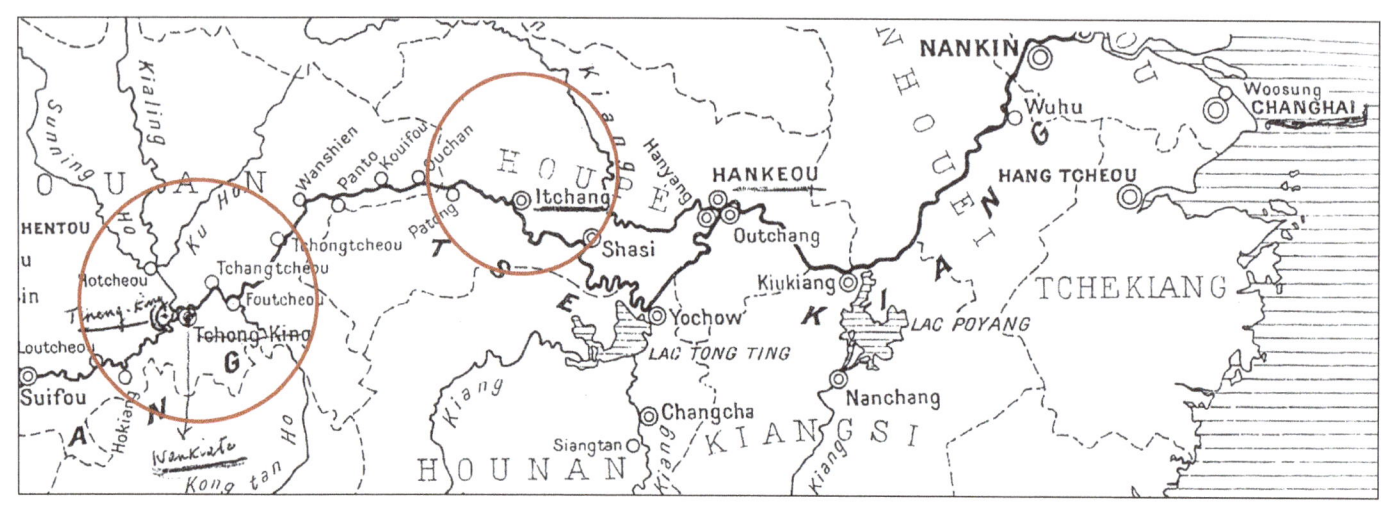

NOUS ARRIVONS enfin à Tchong King en fin d'après-midi, l'équipage est épuisé et je le suis tout autant.

— Tchong King pourrait se traduire par « les multiples faveurs du ciel », me précise le commandant.

Un triple plissement de collines borde les rives du Yang-tsé. Un incroyable enchevêtrement de maisons et de pagodes forme ces faubourgs. Et puis, surgissant au premier plan sur bâbord, reposant sur un socle en pierres de taille de plus de dix mètres de hauteur, se dresse soudain une imposante bâtisse. C'est la Maison de France, la caserne d'Odent. Le bâtiment domine le cirque de Wankiato où nous amarrons l'*Olry*.

— Et que signifie Wankiato, Commandant ?

Grellier me répond en souriant :

— « La Pierre d'attente de l'épouse », Bermon ! Il y a une jolie légende à ce propos, digne de nos femmes de marins bretons. À l'époque des Trois Royaumes, je crois que c'était après l'effondrement de la grande dynastie Han, l'un des souverains étant parti pour la guerre, la reine, demeurée à Tchong King, venait chaque jour sur cet éperon rocheux que vous voyez là-bas pour guetter le retour de son époux et de sa flotte de jonques de guerre... Vous apprendrez à connaître ce mouillage, Bermon, il est excellent. Aux basses eaux, l'éperon l'abrite parfaitement, et quand les eaux couvrent la roche on peut se retirer dans la petite anse à fond de sable qui se trouve à cinq cents mètres de la caserne. D'autre part, sachez que les Japonais pensent à s'installer en face, au niveau de la Maison Duclos, une société minière. Un voisinage plutôt importun, certes, mais cela restera un excellent abri pour l'*Olry* en cas de grosses crues.

Je découvre le grand escalier qui mène à la caserne. Un porche chinois monumental, bordé de

ses lions de pierre, apporte une vraie couleur locale à ce bâtiment presque néoclassique...

Après ces deux mois passés sur l'*Olry*, je profite pleinement des vastes logements de la « French Bastilla » comme l'ont surnommée les Anglais. Outre ses grandes chambres pour les officiers et l'équipage, la caserne comporte un atelier, des soutes et des magasins entourant une cour fermée. Ma chambre est un enchantement et je découvre les bibelots qu'avait laissés l'ancien commandant en second, dont cette pipe d'opium. L'utiliserai-je un jour ?

Pour ce qui est des travaux de réparation de l'*Olry*, Il nous faut en priorité remplacer le gouvernail et les hélices. Ensuite nous nous attaquerons aux cloisons mobiles, aux toiles de la chaufferie et de la salle des machines. Je suis chargé par Grellier de la supervision des travaux. Dès le lendemain de notre arrivée, nous nous attelons à l'ouvrage. L'*Olry* a plus que souffert. Les réparations de la canonnière occupent tout mon temps ainsi que celui de tout l'équipage.

19 juin 1906, 8h, Tchong King, Wankiato

EN CE DÉBUT de matinée, je rejoins Grellier près du *Takiang* qui est lui aussi en réparation. C'est une jonque chinoise, mais dotée d'une machine à vapeur. Hourst avait, en plus de l'*Olry*, acheté à Changhai un canot à vapeur qu'il avait remonté jusqu'à Tchong King au prix d'efforts considérables. Mais le canot, dont la coque était trop fragile, n'avait pas survécu plus de deux ans aux rigueurs de la navigation sur le Haut Fleuve. Dès 1903, le lieutenant de vaisseau Audemard, qui avait succédé à Hourst au commandement de la canonnière, avait eu l'excellente idée d'en récupérer les machines et la chaudière afin de les installer sur une jonque.

— Mon cher Bermon, voilà une bien délicate mission qui vous attend. Vous appareillerez le 27 de Tchong King sur le *Takiang*, pour Lou-Tcheou d'où vous remonterez l'affluent vers Tche-Tcheou. Le but de la mission est de vous assurer que la navigation y est possible et de voir si cette rivière conduit jusqu'aux nombreux canaux de la plaine de Chentou, ce qui nous assurerait une communication assez directe avec la capitale du Sseu-tch'ouan. Il sera fort utile, pour notre influence et notre prestige de montrer pour la première fois le pavillon français et la flamme de guerre dans ces régions où n'ont jamais accédé les canonnières.

— Quel sera mon équipage, Commandant ?

— Un quartier-maître de manœuvre et un gabier pour le service de pont, un quartier-maître mécanicien, un ouvrier mécanicien, un chauffeur breveté et deux auxiliaires chinois pour le service des machines. Vous aurez en plus seize coolies *trackers* (le terme anglais pour « hâleurs ») pour la manœuvre du *sao*, des espars, de la voile, etc., sous la direction du pilote Szeitchuey qui restera avec vous tout au long de la mission. M. Plant vous accompagnera jusqu'à Lou-Tcheou pour vous montrer toutes les particularités du fleuve en amont de Tchong King. Enfin un sampan léger mais bien armé vous escortera et sera en mesure d'aider pour toutes les manœuvres de hâlage.

— Et pour le charbon ?

— Notre fournisseur tient en dépôt environ soixante tonnes pour cette mission mais il n'est pas impossible que vous trouviez des mines ou des dépôts de charbon sur votre route, ce qui ne fera qu'augmenter votre rayon d'action. Surveillez le ramonage et le bon entretien de la chaudière, Bermon, sans parler du graissage des pièces des machines.

— Je n'y manquerai pas, Commandant.

— J'arrive enfin à l'aspect peut-être le plus délicat de votre mission, celui qui concerne votre attitude envers les autorités et la population chinoises. La tranquillité des régions que vous allez traverser ne justifie en ce moment aucune mesure militaire bien sérieuse, mais n'oubliez pas qu'il est indispensable de rester prudent en Chine, plus que partout ailleurs....

1er août 1906, 17h, mission de Lou-Tcheou

LE RAID À BORD du *Takiang* a duré plus de trente-cinq jours et c'est surtout au début du voyage que se sont produits les incidents : chute de pression, arrêts inopinés, problèmes de cordages de halage, insuffisance de tenue du gouvernail… Heureusement que Plant était avec moi. À partir de Lou-Tcheou, nous avons continué sans lui en remontant la rivière Tuo jusqu'à Tche-Tcheou, et j'ai pu mettre à profit ses précieux conseils pour la manœuvre de la jonque lors des passages de nombreux rapides. J'aurais pu aller au-delà de Tche-Tcheou, jusqu'à Tzé Yang Hien, mais les fuites des tubes de la chaudière commençaient à être inquiétantes et nous avons dû faire demi-tour puis redescendre jusqu'à Lou-Tcheou où m'attendait cette lettre de Grellier que je m'empresse d'ouvrir.

Mon cher Bermon

Je suis content que vous ayez pu atteindre Tche-Tcheou : je suis convaincu que si vous n'aviez pas été retardé au début de votre voyage, vous auriez même atteint Tsé Yang Hien, de sorte que vous avez réussi à remplir parfaitement la délicate mission que je vous avais confiée.

M. Plant est revenu enchanté de la rivière de Lou-Tcheou, mais il ne croyait pas que vous puissiez dépasser Liukiang. Je vous prie donc de transmettre à votre vaillant équipage et d'accepter pour vous-même mes sincères compliments : vous avez eu l'honneur de porter le plus loin dans ces régions notre flamme de guerre et vraisemblablement d'être le premier vapeur à remonter la rivière de Lou-Tcheou sur laquelle vous me rapportez des détails intéressants. Je sais,

mon cher Commandant, tout ce que vous avez dû souffrir sur cette inconfortable jonque, vous et vos hommes, et j'admire l'entrain avec lequel vous avez surmonté toutes les difficultés, vaincu toutes les épreuves. Dans mon télégramme je vous ai recommandé une pression modérée car j'attribue votre fuite de tubes, au-dessus de Foushouen, aux coups de colliers nombreux que vous avez dû donner en différents points et où la pression a été sans doute un peu dépassée. Pour la descente ne dépassez donc jamais 120 ou 130 litres, c'est suffisant pour gouverner.

Les dudgeons de l'Olry ayant subi un retard considérable à nous être expédiés, nous ne serons pas disponibles avant le 10 ou 11 août, ce qui me forcera sans doute à remettre en septembre mon voyage à Suifou. Pour la suite à Lou-Tcheou, profitez d'un bon mouillage pour vous mettre en état le mieux et le plus rapidement possible, prenez à votre bord tout le charbon restant de votre stock et descendez avec la plus grande prudence possible et en sondant

fréquemment car un échouage dans le fleuve serait beaucoup plus grave que dans la petite rivière. Télégraphiez-moi votre départ de Lou-Tcheou. Vous avez sans doute donné la double ration à votre équipage pour le 14 Juillet, en plus de cette double, accordez-en une à réception de cette lettre comme témoignage de ma satisfaction. Rien de particulier ici : il y a eu qu'une assez forte crue il y a quelques jours et le beau persiste depuis la fête nationale avec une température exagérée. Madame Grellier a eu une forte fièvre et vous passe ses amitiés.

Je consigne jusqu'à nouvel ordre tout le personnel puni de prison pour ivresse depuis moins d'un an, j'en ai assez

de ces scènes de soûlographie. Nous montons en ce moment notre gouvernail qu'il nous a fallu couper dans l'angle supérieur, car il était trop long.

Tout le monde, mon cher Bermon, vous envoie ses sincères compliments, bon voyage de retour, bonne chance et croyez-moi votre cordialement dévoué

Grellier

Ce sera sans doute la dernière grande épopée du *Takiang*.

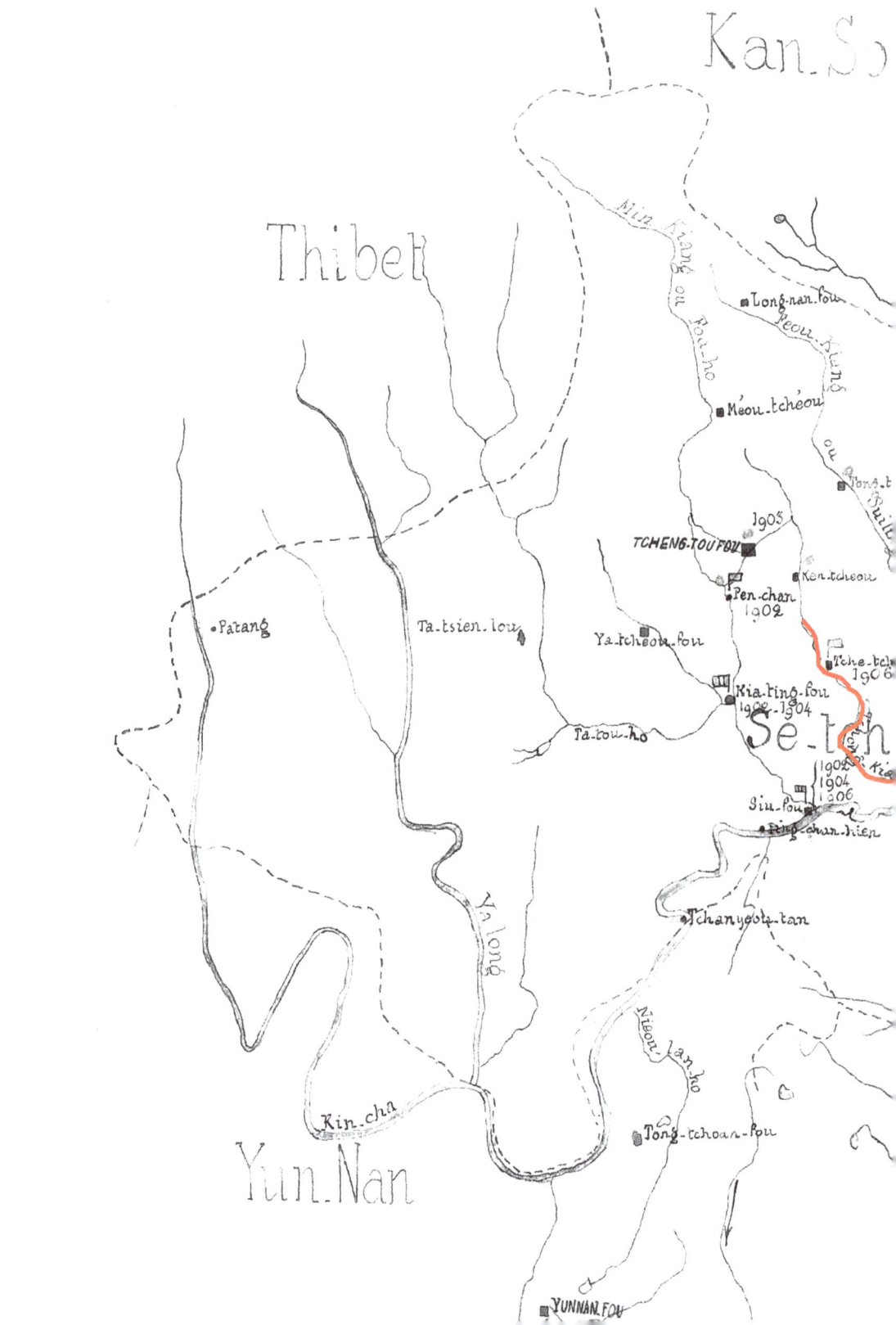

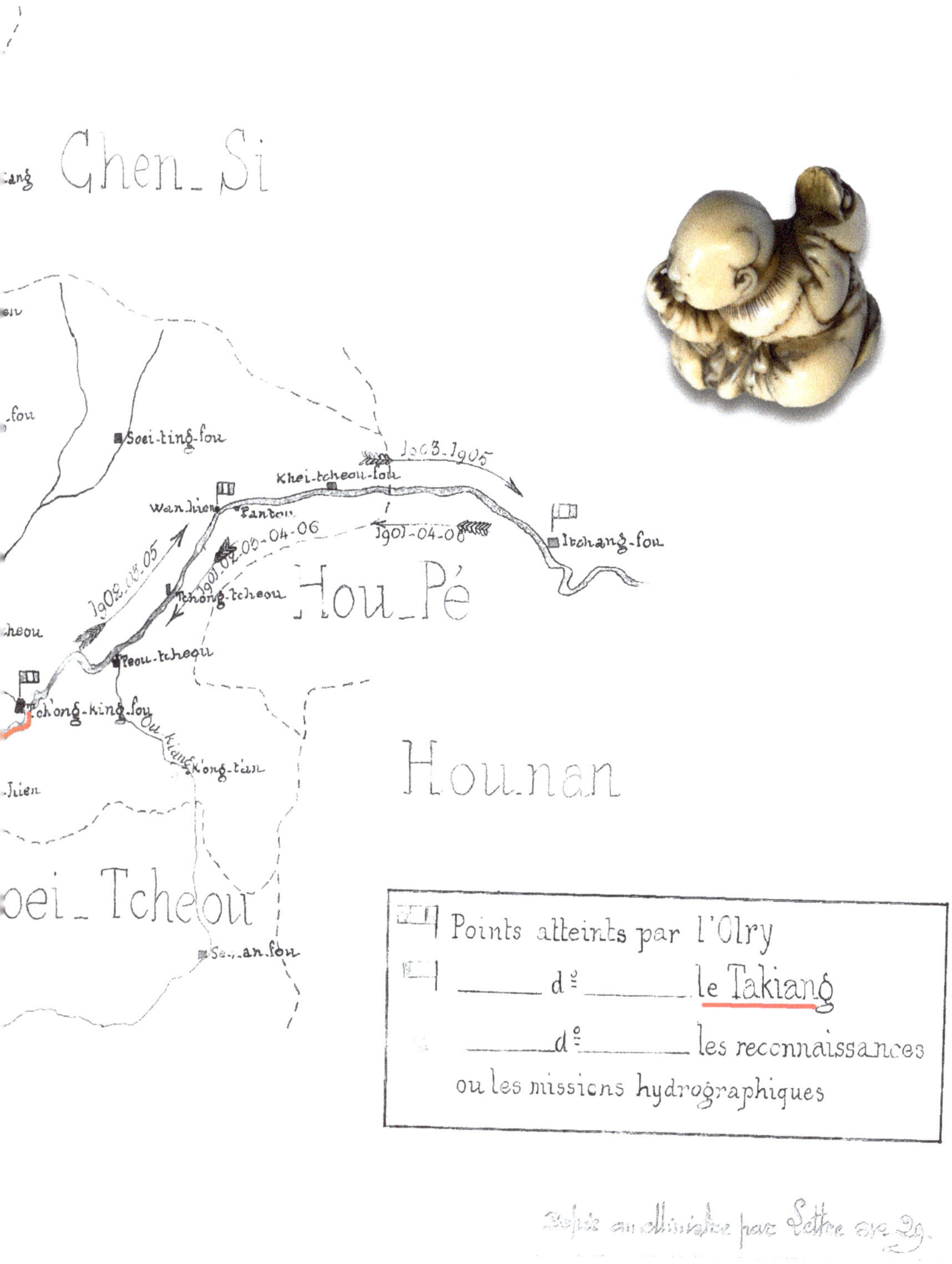

Chen-Si

Soei-ting-fou
Wan-hien
Khei-tcheou-fou 1903-1905
Pantou 1901-04-06
1903-04-05
Tchong-tcheou 1901-04-08
Itchang-fou

Hou-Pé

Feou-tcheou

Tch'ong-king-fou
Ou-Kiang K'ong-t'an
Kien

Hou-nan

Soei-Tcheou
Se...an-fou

	Points atteints par l'Olry
	d° le Takiang
	d° les reconnaissances ou les missions hydrographiques

9 septembre 1906, 6h30, Tchong King, Wankiato

DEPUIS LE 1er août, date du retour de mon expédition avec le *Takiang*, nous sommes restés à terre. Et mis à part quelques civilités avec les officiers anglais, je passe la majeure partie de mon temps à améliorer la Bastille. L'état sanitaire de l'équipage laisse en ce moment beaucoup à désirer, excepté le maître mécanicien Biche dont la plaie à l'aine a bien cicatrisé. Chaque jour une dizaine d'hommes viennent à la visite pour différentes raisons. Il y a en permanence cinq ou six hommes exemptés sur un total de vingt-cinq. Et pourtant ces gaillards sont solides, mais les conditions de vie sont assez rudes. Certains jours le mercure grimpe jusqu'à plus de 45 °C et l'air est complètement saturé. La sueur ruisselle en permanence de mon front.

— Ce ne sont pas des troubles graves, me dit Bourrut, notre médecin, à propos de l'équipage : plaies aux pieds ou aux jambes avec une tendance à l'adénite, diarrhées tenaces avec complications de rectites, otites très fréquentes... Et je te suggère, Bermon, de supprimer les exercices de natation pour ceux-là.

— J'y penserai, Docteur. Il y a aussi des rhumatismes, des déchirures musculaires, etc. Les affections ayant atteint presque tout l'équipage, il en résulte un certain affaissement, une dépression morale accentuée par la chaleur des jours derniers.

— Nous devrions repartir pour Suifou d'ici une semaine, je pense que l'action va grandement contribuer à rendre le moral à la troupe !

L'appareillage pour Suifou a bien eu lieu le 22. Le trajet n' pas été simple tant les incidents se sont succédés : deux avaries de la pompe, une rupture de tige de piston et une rupture de bielle bâbord. Nous sommes arrivés le 4 octobre à Suifou pour en repartir dès le 9. Accostage le lendemain à Tchong King. Grellier m'annonce alors une bien triste nouvelle.

— Mon cher Bermon, j'ai reçu ma nouvelle affectation, je quitte la Chine en décembre. Le lieutenant de vaisseau Doé de Maindreville me remplacera. Il va sans dire qu'il devra se reposer sur vous pendant la période d'acclimatation. Il aura besoin de tout ce que vous avez appris.

— Vous pouvez compter sur moi, Commandant, et… je tiens à vous remercier pour…

— Je ne suis pas encore parti ! Nous reparlerons de tout cela plus tard.

30 décembre 1906, 10h, Tchong King, Caserne d'Odent

POUR LE DÉPART DU COMMANDANT nous avons organisé une réception. Le père Caron est là bien sûr, avec M. Plant et sa femme, ainsi que Retounard et Darlan, deux nouveaux enseignes qui sont arrivés en septembre. Et puis Colin, Oudin et Charriez, les principaux commerçants français de Tchong King, sont également présents.

Me prenant en aparté, Grellier me dit :

— Tout ceci va me manquer, mon cher Bermon ; je sais qu'il y a un avant et un après lorsqu'on a connu le Yang-tsé et la Chine. Mais... trêve de sensibleries, je ne regrette qu'une chose : voir ici au Sseu-tch'ouan nos couleurs portées par une canonnière aussi médiocre que l'*Olry* ! Quel dommage de ne pas avoir réussi à convaincre l'Amirauté de la nécessité d'acheter un vapeur de dernière classe, je suis étonné d'apprendre que Paris refuse de tenir compte des insuffisances de ce navire ni des dangers que court l'équipage sur les rapides du haut Yang-tsé. C'est pourquoi je voulais encore vous féliciter pour l'excellence de votre service à mes côtés, vous avoir comme officier en second a été pour moi un honneur. Adieu, Bermon, peut-être nous reverrons-nous à Brest ou à Toulon !

— Adieu et merci, Commandant, j'ai tant appris grâce à vous. Prenez soin de vous, d'autres enseignes de vaisseau ont encore besoin de vous pour leur enseigner ce que signifie être officier.

20 février 1907, 11h, fête du Nouvel an chinois, année de la chèvre, Tchong King, Wankiato

J'AI EFFECTUÉ avec Doé de Maindreville, dès son arrivée en début d'année, un voyage d'essai sur le haut fleuve, afin qu'il se fasse une idée plus précise de la canonnière. Un rapide périple de Tchong King à Moutong de deux jours. Bien que le voyage se soit déroulé sans incident majeur, à part une avarie du Worthington alimentaire, notre nouveau commandant a immédiatement saisi que l'*Olry* était presque impropre à la navigation. Chaque voyage est un tour de force, la faible puissance jointe au manque d'endurance des appareils nous placent dans des situations très critiques où seules l'expérience et la hardiesse de M. Plant et de l'équipage nous évitent une catastrophe. De retour à Wankiato, alors que se déroulent les fêtes du Nouvel an chinois, Doé de Maindreville m'interpelle :

— Il nous faudra inspecter toutes les machines, Bermon. Je tiens à effectuer un voyage jusqu'à Wan-hsien et retour, l'*Olry* a apparemment toujours fait ce voyage sans difficulté et sans avarie aux basses eaux, je le considère indispensable pour mon entraînement personnel et pour celui du nouveau maître mécanicien qui n'a encore navigué que quelques heures à bord, ainsi que pour l'équipage en partie renouvelé depuis septembre.

— Tout à fait Commandant, de plus, et de source sûre, des actes de brigandage près de Tchong-tchéou se sont produits récemment sur des jonques de commerce, les Anglais ne cessent de circuler en cette saison entre Wan-hsien et Tchong King. Y montrer notre pavillon me semble important.

— Grellier m'a laissé un rapport détaillé, mais j'aimerais recueillir votre avis personnel sur l'état de l'*Olry.*
— La coque elle-même est en excellent état, mais je crains que ce soit bien la seule véritable bonne nouvelle… Les vibrations fatiguent les superstructures, l'avant de l'étrave a certes été modifié mais reste peu approprié à l'ascension des rapides, les hélices et le gouvernail sont à la merci d'un coup de talon ou d'un échouage, nous les avons renforcés comme nous le pouvons, mais à ce stade, c'est toute la machine qu'il faudrait changer.

— Les chaudières sont en effet le point faible du navire, elles n'ont pas été conçues pour ce genre de navigation. L'alimentation par à-coups occasionnée par la mauvaise disposition des appareils alimentaires est une autre réelle source de faiblesse.

— Que peut-on faire ?

— Éventuellement ajouter un petit coffre à vapeur indépendant. Et pour le ventilateur qui est constamment en marche, nous pourrions le prolonger jusqu'au cendrier par des conduits munis d'orifices pour mieux refouler l'air. L'idée est

d'appliquer les coquilles des tiroirs détendeurs sur les glaces au moyen de ressorts, ce qui peut nous économiser pas mal de vapeur.

— Cela me semble judicieux, me répond le commandant. Vous vous chargerez de tous ces travaux au retour de Wan-hsien.

— Bien commandant... Tous ces maquillages que les acteurs s'appliquent sont impressionnants, vous ne trouvez pas ?

— Je laisse ce folklore aux indigènes, j'ai d'autres préoccupations pour l'instant, Bermon.

Nous avons appareillé le 26 pour Wan-hsien, après avoir embarqué les vivres de bases nécessaires : 552 litres de vin, 525 kg de farine, 15 kg de café, 20 kg de sucre, 15 de graisse et 20 de sel. Nous achetons les légumes et la viande à chaque mouillage. Le calme étant revenu dans la région nous sommes rentrés le 24 mars, sans incidents majeurs.

Le pont de pierre de Wan-hsien est une véritable merveille architecturale.

4 avril 1907, 17h45, Tchong King, Wankiato

— LIEUTENANT ?
— Oui, Martin ?
— Un planton chinois vient de me remettre ce courrier

Je découvre, quelque peu effaré, les propos de la lettre, rédigés dans un français approximatif mais dont la signification ne laisse planer aucun doute :

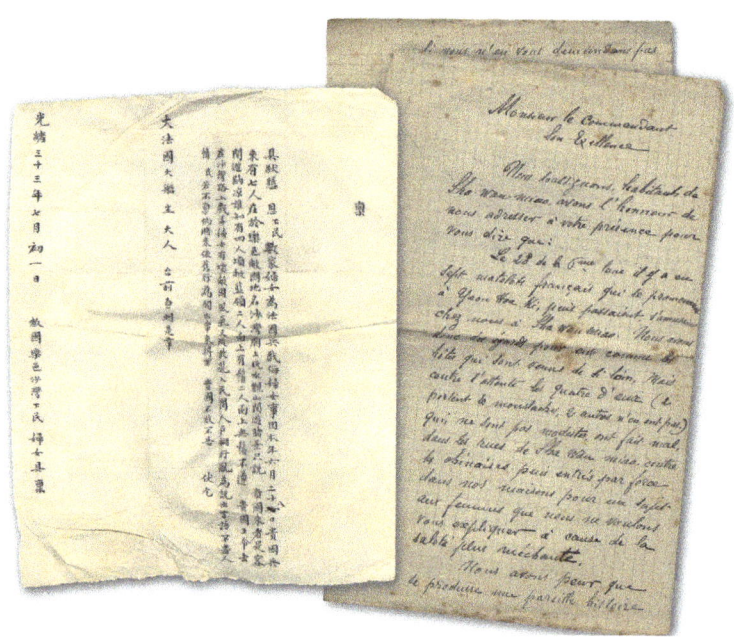

« *Monsieur le Commandant, Son Excellence,*

Nous sous-signons, habitants de Sha Wan Miao, avons l'honneur de nous adresser à votre présence pour vous dire que : Le 28 de la 6ᵉ lune, il y a eu sept matelots français qui se promenaient à Yeou Hoa Ki puis passaient s'amuser chez nous à Sha Wan Miao. Nous avons donc des égards pour eux comme les hôtes qui sont venus de si loin, mais contre l'attente, les quatre d'eux (2 portent les moustaches, 2 n'en ont pas) qui ne sont pas modestes ont fait mal dans les rues de Sha Wan Miao contre les Chinoises puis entrés par force dans nos maisons pour un sujet aux femmes que nous ne voulons pas expliquer à cause de la saleté plus la méchanceté.

Nous avons peur que se produise une pareille histoire si nous n'en vous demandons pas justice. Vos serviteurs, humbles habitants et habitantes de Sha Wan Miao.

Le 1ᵉʳ de la 7ᵉ lune, l'année 33 de Kuang-hsu (1907). »

— Le commandant est-il là ?
— Oui, Lieutenant.
— Je veux le voir immédiatement…

Six coups de canons retentissent à ce moment-là. Il s'agit du cérémonial habituel annonçant l'arrivée du Tao Taî, l'intendant de circuit, équivalent d'un préfet, chargé dans chaque port de traiter des relations avec les étrangers. Doé de Maindreville me rejoint à l'entrée de la caserne.

— Que se passe-t-il, Bermon ?
— L'arrivée de la jonque du Tao Taî, Commandant.

Je lui montre la lettre pour qu'il sache à quoi s'en tenir. Nous n'avons malheureusement pas le temps d'en discuter : il nous faut recevoir le Tao Taî selon l'étiquette d'usage. Puis le commandant s'isole dans son bureau avec le mandarin de haut rang et un interprète.

Après avoir raccompagné le Tao Taî, Doé de Maindreville se retourne vers moi :

— Tchong King était déjà interdit, eh bien les faubourgs de la ville seront dorénavant également interdits aux permissionnaires. Ils resteront à Wankiato. Je compte sur vous, Bermon, pour reprendre les choses en main. Cette affaire est fort fâcheuse, comme vous pouvez l'imaginer. Je ne tolérerai plus aucun débordement.

Dès le lendemain, je profite d'une démonstration de saltimbanques chinois pour parler à l'équipage.

« À partir d'aujourd'hui, branle bas à 5h15, gymnastique et natation. Cours élémentaires pour les marins et cours spécialisés pour les officiers mariniers, exercices d'incendie, exercice de signaux à bras, exercices de tirs au fusil et revolver. Comme vous l'avez appris du Commandant, aucune sortie n'est autorisée.

« Nous devons repartir en campagne d'été et les tentes de l'*Olry* doivent être recousues.

« Profitez de cette journée de cirque car c'est votre dernière distraction. Apprenez Messieurs de ces gens là, regardez ce qu'il est possible de faire de ses mains lorsque l'on est sobre.

« Je veux que toutes les boiseries de la canonnière soient lessivées, vous allez me briquer les vérendales. Et si vous avez encore du temps libre, je veux un recensement complet du matériel électrique, des voileries

et de tout l'armement. Je vous rappelle que la réparation de la cuisine de l'*Olry* n'est toujours pas finie. Bonne journée Messieurs.

5 juin 1907, 14h, non loin de Suifou, à bord de l'*Olry*

OBSERVANT LA BEAUTÉ des rives du fleuve, je m'entretiens avec Doé de Maindreville.

— Nous devons être lucides, Commandant. La vie à bord est rude et sévère pour l'équipage et il n'y a à terre aucune distraction. Avec deux ou trois navigations maximum par an, je ne vois pas l'intérêt d'un séjour de deux ans pour l'équipage. Nous pourrions le ramener à dix-huit mois, maximum. Et surtout, il faut nous assurer que ces hommes aient déjà rendu au moins six mois de bons services dans la Division Navale.

— Vous avez raison, Bermon. D'autre part, le sort du *Takiang* étant réglé, je vais aussi proposer à l'Amirauté la suppression d'un poste d'enseigne. Je ne m'explique pas non plus l'utilité d'un matelot de pont, étant donné l'isolement du navire. Il serait plus judicieux de le remplacer par un infirmier.

Nous séjournons à Suifou jusqu'au 18 juin, puis nous faisons un court voyage jusqu'à Ping-chan-hien pour ensuite aller jusqu'à Kiatin où nous restons jusqu'au 15 août. Enfin nous rentrons à Tchong King le 2 septembre. Je me sens plutôt fatigué.

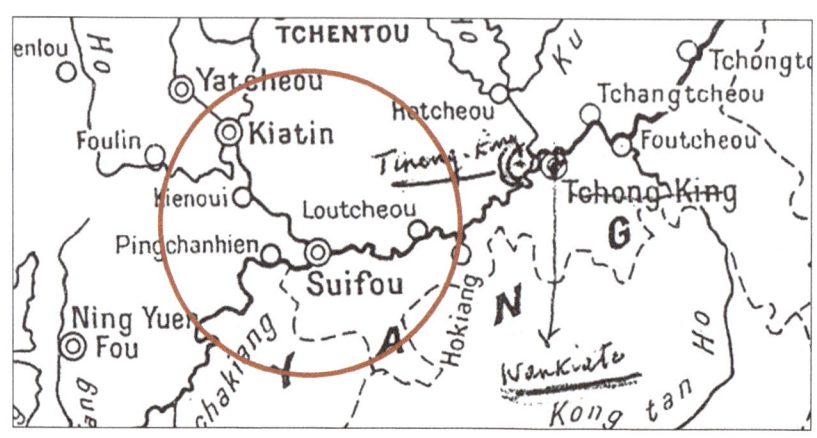

La nuit est particulièrement agitée : fièvres intenses, vomissements, violentes diarrhées et de terribles douleurs musculaires.

— C'est la malaria, me dit Bourrut, je reviendrai te voir, en attendant prend ceci et essaie de dormir. Mes maux de tête sont particulièrement difficiles à supporter et la fièvre m'affaiblit considérablement. Je fais sans cesse le même cauchemar : des images de destruction, récurrentes.

— J'ai de drôles d'images en tête, toubib.
— Les troubles de la conscience sont fréquents lors des crise de palu, Victor. Ne t'inquiète pas outre mesure.
— Elles me semblent tellement réelles comme quelque chose de grave, une sorte de prémonition.
— Je ne sais que te répondre, essaie de dormir, tu as besoin de repos, chaque crise peut durer plus de six heures.

Les douleurs sont parfois insupportables et c'est sans doute pour cela que Bourrut me propose de les calmer en fumant de l'opium. Au bout d'une dizaine de pipes d'opium, je ne suis plus qu'un esprit flottant au dessus de mon corps étendu. Je regarde passer chacune de mes pensées en ne m'attardant que sur l'espace qui les sépare. Ces instants de vide sont d'une extraordinaire richesse. Un moment de silence et de quiétude absolus, rythmé par le lointain battement de mon cœur. J'ai un vague sentiment d'omniscience mais ces images continuent de me hanter.

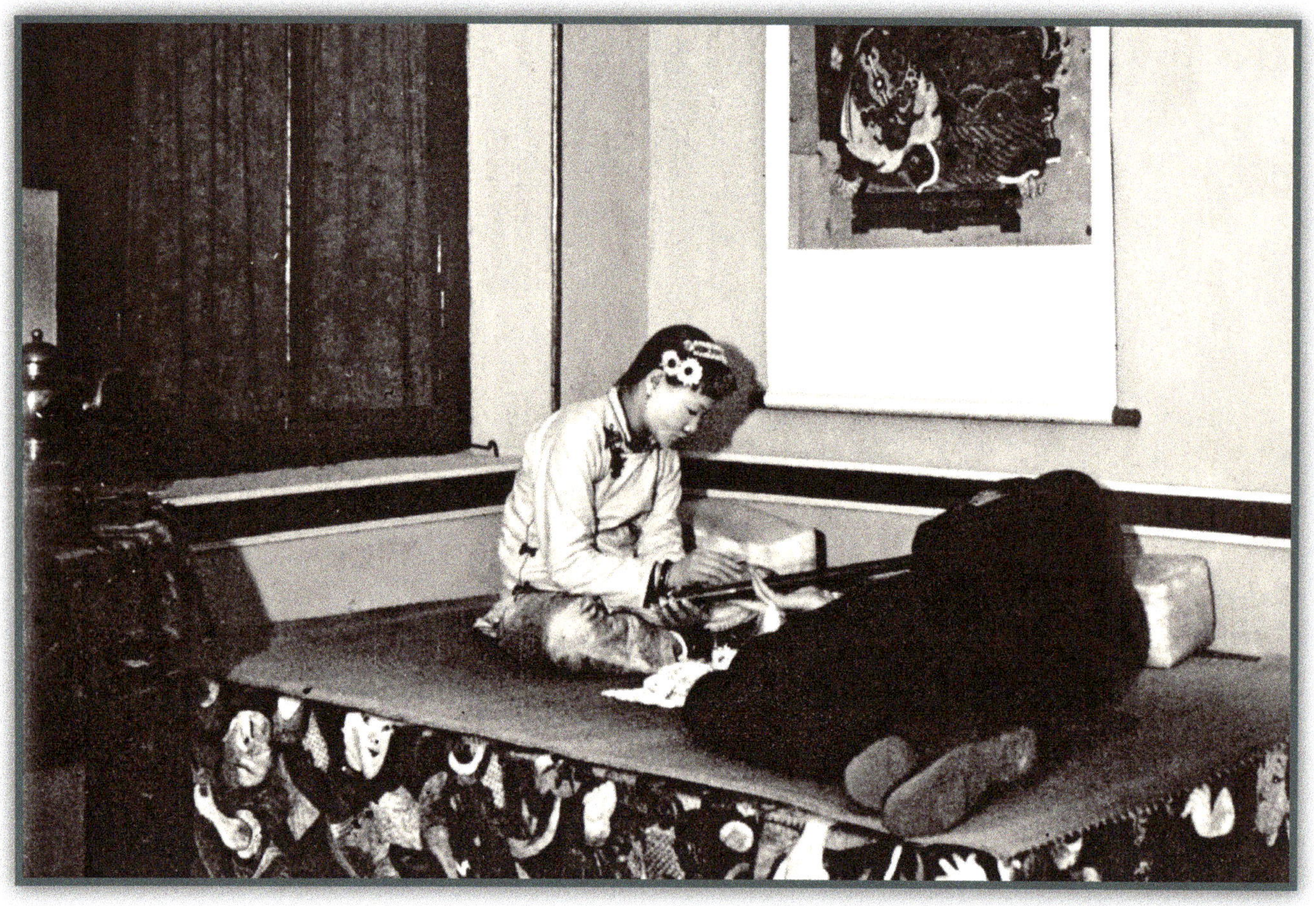

J'essaye de me lever et de prendre l'air chaque fois que je le peux. Je me sens si faible que je ne peux aller bien loin, alors je traîne dans Wankiato, avec ces petits mendiants qui attendent la distribution de riz.

Cette fiévre dure et n'en finit plus, seul l'opium semble être efficace et la peau si soyeuse de cette femme peut-être……
— Tu dois dormir Lieutenant, bientôt tu iras mieux.

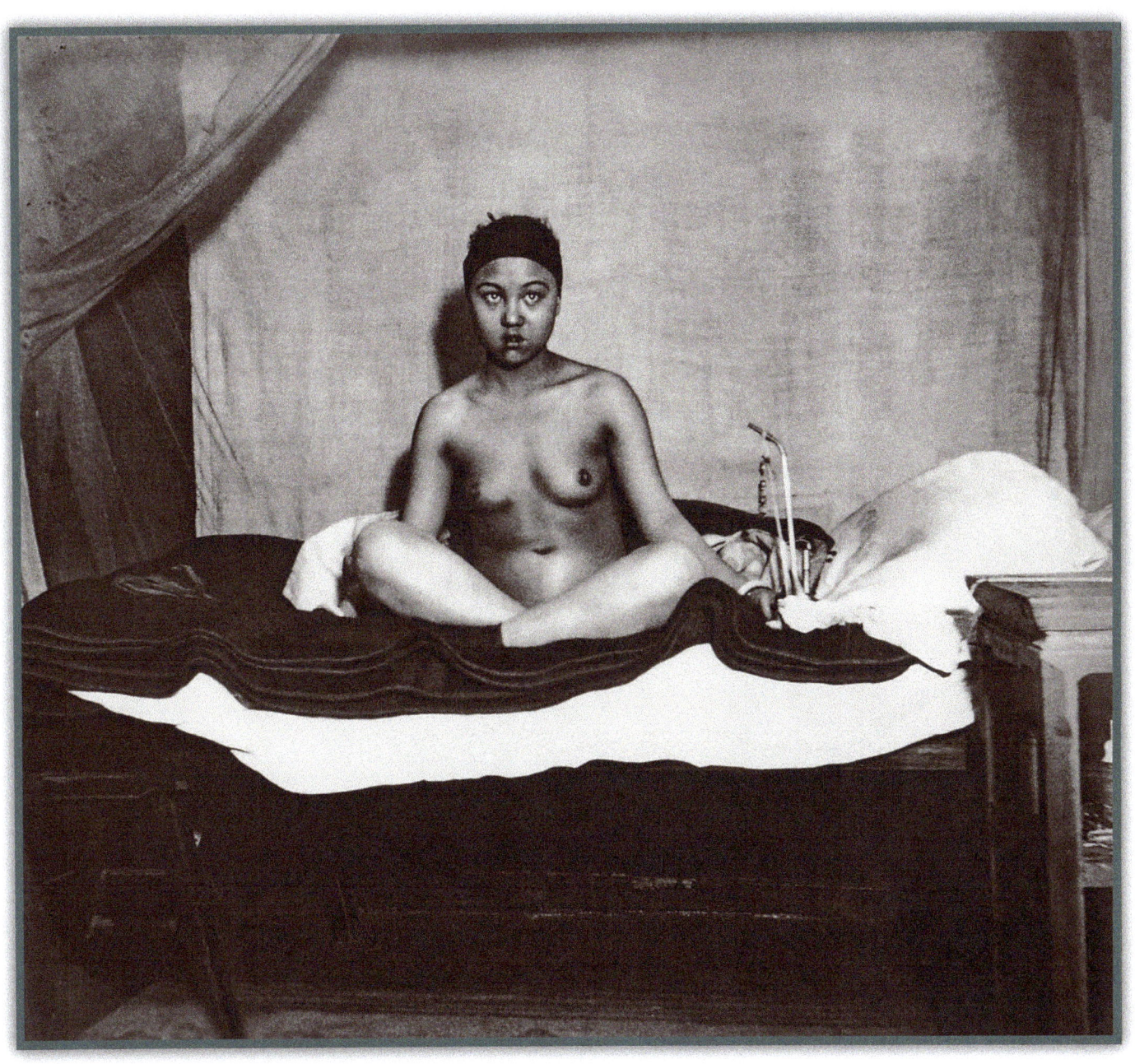

4 octobre 1907, 10h, au-dessus de Tchong King

J'AVAIS BESOIN de changer d'air et de me retaper après cet épisode de malaria. Bourrut m'a convaincu d'aller faire un peu de tourisme. Nous sommes partis en petit groupe, Plant, le docteur et moi, dans les hauteurs de Tchong King. Messieurs Oudin et Charriez, qui commercent souvent dans cette région, se sont joints à nous et ont organisé le voyage. Ils ont loué les services de quelques hommes d'armes chinois, les chemins ne sont pas si sûrs. Notre destination : le site du temple de Che Pao Tchai, le long du Yang-tsé en aval de Tchong King, à près d'une semaine de marche.

Alors que nous nous arrêtons pour un pique-nique improvisé, Bourrut sort un journal de sa sacoche.
— Un des nouveaux enseignes l'a ramené avec lui de France. Ça date un peu, mais quel plaisir d'avoir des nouvelles d'Europe. Il paraît que l'exposition coloniale de Marseille s'est très bien déroulée...
— Ah ! Nous aurions eu deux ou trois choses à leur raconter, dit Plant.

— Mon cher pilote, vous serez ravi d'apprendre que votre pays a signé une convention le 31 août avec l'Empire russe, rajoute le docteur en nous resservant un peu de vin. Il paraît qu'il faut désormais parler de Triple Entente entre le Tsar, le Roi et notre République. Tout ça pour faire pièce à la Triple Alliance dont nos confrères germaniques se targuent depuis si longtemps…

— Cela n'empêchera pas les officiers des canonnières de Sa Gracieuse Majesté de me qualifier de traître à la Patrie pour travailler avec des Froggies, soupire Plant…

— J'ai un mauvais pressentiment, dis-je à mes compagnons. Jusqu'où ces alliances et cette course au nationalisme vont-elles nous mener ? Ce rêve ou plutôt ce cauchemar dont je vous ai parlé, eh bien, je ne sais pas…

— J'ai lu récemment un article par un jeune médecin, Sigmund Freud, poursuit Bourrut, sur ce qu'il appelle l'inconscient et ses extraordinaires capacités. Il est probable, Bermon que nous puissions avoir accès à des univers du possible, au futur, surtout après avoir fumé l'opium. Qu'en pensez-vous, Mister Plant ?

— Well, je ne sais pas pour l'inconscient, mais je viens de lire que Newcastle est champion d'Angleterre pour la deuxième fois, and this is not good !

Nous campons non loin de Che Pao Tchai, près des grottes.

— Il paraît que ce réseau de grottes est sans fin, nous explique Charriez, il mène jusqu'à Ta Tsou, il y a là-bas des sculptures à même la roche de toute beauté.

— Ce pays commence à me fasciner, me dit Bourrut, et toi Victor ?

— Tu n'imagines pas à quel point ! Je dois en être à plusieurs centaines de clichés, et s'il n'était pas si difficile de me faire approvisionner, ce serait sans doute beaucoup plus.

— Au fait, que comptez-vous faire de toutes ces photos ? me demande Plant.

— Je n'en sais fichtre rien. Peut-être me contenterai-je de les contempler avec nostalgie quand je serai retiré dans ma Nice natale …

Puis nous avons continué à cheval, en longeant les rizières et en passant sous les arches commémoratives.

— Regardez ces gars, me dit Charriez, ce sont de véritables hommes de bât, et croyez-moi, il n'est pas donné à tout homme d'être un bon porteur. Le portage est une science, une tradition même. Tout Chinois peut en théorie devenir fonctionnaire de l'Empire, mais par ici, on est porteur de père en fils. Le métier ne s'improvise pas !

10 octobre 1907, 16h, Che Pao Tchai
La « forteresse du trésor de pierre »

AU LOIN, SURPLOMBANT les rizières en terrasses qui descendent petit à petit vers le fleuve, nous voyons surgir la pagode de Che Pao Tchai. Construit au sommet d'un massif rocheux, le temple ne fut longtemps accessible qu'avec une chaîne pendant le long de la falaise. Au siècle dernier, une pagode de neuf étages fut rajoutée pour faciliter l'ascension. Le jaune du portail et le rouge de la pagode se détachent magnifiquement sur le vert intense de la végétation.

— Chaque étage est dédié à un général de l'époque des Trois Royaumes ou à un poète local, nous explique Charriez. D'ici, cela n'a l'air de rien, mais il nous faudra plus d'une heure pour arriver au sommet à partir du pied de la colline.

17 novembre 1907, 7h30, Tchong King, Wankiato

LA NAVIGATION ÉTANT IMPOSSIBLE sur le Haut Fleuve en cette saison, Doé de Maindreville me charge une nouvelle fois d'une inspection générale : état de la coque, état des machines, matériel de manœuvre et de signaux, armement et munitions, approvisionnement, matériels divers, service sanitaire, etc. Pour atténuer l'ennui de ces tâches fastidieuses, je saisis chaque occasion raisonnable pour déambuler dans Wankiato. Est-ce parce que je dois quitter la Chine en début d'année prochaine ? Je déjeune souvent seul dans une de ces petites gargotes locales que les gens d'ici appellent des *Chao Tien Meu*.

— Bonjour Lieutenant, que faîtes-vous ici ? me salue Li Tchang, l'un des cuisiniers chinois de l'*Olry*.
— Li Tchang ! Bonjour, je travaille.
— Dans un restaurant de Wankiato ?
— Eh oui, peut-être que le lieu m'inspire plus que le bureau de la caserne. On dirait qu'il se passe toujours des choses par ici ! D'ailleurs je me demandais ce que fait cet homme ?

— C'est un Ti Teou Tsiang, il y en a un autre là-bas. Ce sont des barbiers, mais ils ne se contentent pas de vous couper les cheveux. Ils vous nettoient les oreilles et les yeux et vous massent tout le crâne. Ils vous font un *shan pao*, c'est une passe magnétique dont l'effet très rapide vous fait somnoler ; ensuite la tête est toute souple pour qu'ils puissent vous raser. Vous devriez essayer, Lieutenant, c'est très agréable.

— Je vais y songer, lui réponds-je, tout en me replongeant dans mes notes.

Chaque jour je travaille ainsi dans un de ces restaurants, où je rassemble mes notes. Et je retrouve Li qui m'éclaire sur ces petits métiers des rues chinois.

— Venez Lieutenant, je vais vous montrer d'autres choses.

« Lui, c'est un médecin, il est très connu à Wankiato, il soigne bien, si vous avez besoin de lui, dîtes-le moi.

« Et voici, Bao, notre boucher.

« Eux, ils vendent les épices.
Et Li me demande de le suivre dans une des habitations les moins misérables de Wankiato.
— Venez Lieutenant, je vais vous emmener voir quelque chose que très peu d'Occidentaux ont vu, une femme aux pieds de lotus d'or.

Je découvre, grâce à Li, d'incroyables scènes ....

.... à côté desquelles j'étais passé pendant près de deux ans à Tchong King..

TOUT EN RÉDIGEANT mon rapport d'inspection, je découvre chaque jour un peu plus la poésie du Sseu-tch'ouan.

... Depuis l'an dernier, l'*Olry* a reçu une pompe alimentaire Thirion, installée à la place d'une petite pompe Worthington de faible débit qui a été débarquée. La pompe Worthington Duplex a été disposée pour servir plus spécialement à l'épuisement et aspire dans les trois compartiments principaux. Enfin une petite pompe à bras mobile constitue le seul appareil ed lutte contre l'incendie...

... Habilité – Ventilation – Ameublement

Les mauvaises conditions d'habitabilité à bord de l'*Olry* ont été maintes fois signalées. Les postes de l'équipage et des maîtres sont trop exigus. Les chambres sont trop petites et trop voisines des chaudières ou de la cheminée...

... L'appareil à gouverner, simple et robuste, fonctionne bien. Le gouvernail, récemment démonté, est en parfait état. Le matériel de signaux est réduit au minimum : l'*Olry* ne possède que le code international. Les ancres Marrel assurent, grâce à leur poids (250 kg), une très bonne tenue quand on peut les utiliser. Le plus souvent, la canonnière s'accoste à la berge et ses ancres à jet lui sont utiles pour créer des points fixes...

. ..Artillerie légère et mousqueterie

Les six canons à tir rapide de 37 mm de l'*Olry* ainsi que les deux canons-revolvers Hotchkiss de l'établissement à terre sont de provenance très ancienne et auraient besoin d'être entièrement rebronzés. Les dix-huit fusils Lebel 86-93 sont assez fortement piqués. Des ressorts de rechange ont été demandés pour tous les fusils. Les revolvers d'ordonnance Modèle 1892 sont en très bon état. Les 176 cartouches à obus à fonte pour les canons de 37 ont été renouvelées en 1907 et sont en bon état. Les 155 cartouches à mitraille, fort utiles en cas d'émeute, ont quant à elles subi des températures excessives et devraient être remplacées...

... Conservation des munitions

À Tchong King les munitions sont conservées dans l'établissement où l'on s'efforce de les protéger de l'humidité. À bord, elles sont conservées dans une petite soute voisine des machines dont la température dépasse heureusement fort rarement 30°C. Cette soute serait noyée facilement avec quelques seaux en cas d'incendie...

...Service sanitaire

Le vaste établissement de Wankiato permet de combattre les conditions éminemment antihygiéniques de l'existence à bord de l'*Olry*. La suppression d'un officier de l'état-major a rendu une chambre disponible. Elle a été affectée à l'infirmerie qui n'existait pas auparavant. En cas de maladie contagieuse, il serait toutefois nécessaire d'isoler le malade sur une jonque. Il serait souhaitable, étant donné l'isolement de l'*Olry*, que l'approvisionnement de médicaments soit plus largement calculé...

...Matériel hydrographique

L'*Olry* possède pour la région qui va de Tchong King à Suifou d'un travail hydrographique manuscrit cinq fois plus précis que celui de MM Terrisse et Marquis, ces relevés devraient être publiés tels quels. La topographie des berges y est rigoureusement représentée, les bancs de sable et de galets y sont distingués par des teintes différentes et le tout est d'une exactitude remarquable...

...Conclusion

La propagande révolutionnaire est poussée depuis le printemps de cette année avec un doublement d'activité. En plusieurs endroits, les « Ke-ming-tan » sont passés des proclamations aux actes et les mandarins ont parfois facilité leurs efforts. Des troubles sérieux sont possibles partout et la situation s'est plutôt aggravée. Nous n'avons que l'*Olry* pour nous représenter et protéger au besoin nos nationaux. Les Anglais, en plus du *Woodcook* et du *Woodlarck* ont fait remonter sur le haut fleuve le *Widgeon*. Les Allemands ont une unité rapide et bien armée, le *Vaterland*, et une nouvelle canonnière est inscrite au budget de la marine impériale. Il y a sept ans que nous aurions dû en faire autant.

Voilà, je vais remettre toutes mes notes à Doé de Maindreville ce soir et même si la situation est explosive comme le pense aussi M. Plant, j'ai encore parfois du mal à le concevoir pleinement en voyant ces paisibles scènes de rue.

25 février 1908, 15h, Tchong King, Wankiato, à bord de la *Jurrie,* habitation de M. Plant

— ALORS LIEUTENANT, c'est le départ ? me demande le pilote.
 — Eh oui, je pars demain pour Changhai. c'est la fin de mon affectation en Chine. Quels sont vos projets, Monsieur ?
 — Vous savez, je vis ici depuis dix ans, et je me vois bien mourir sur cette jonque, que pourrais-je trouver de mieux ? Former les pilotes du Yang-tsé est ma plus grande joie. Et vous ?
 — Je suis officier de Marine, la question ne se pose pas. Au fait, je sais ce que je vais faire de ces photos : des cartes postales... Je veux que le monde connaisse les merveilles du Yang-tsé. Adieu !
 — Maybe one day I'll see you again, Lieutenant. Take care of yourself !
 — So do you, Sir. It has been a pleasure.

8 mars 1908, 12h, Changhai

Dernier cliché de Chine.

27 avril 1908, 14h, Toulon

LE VOYAGE DE RETOUR a duré plus d'un mois et demi. J'en ai profité pour passer quelques jours à Saïgon et Singapour. Mais, quoi qu'il en soit, j'éprouve un réel plaisir à retrouver la France.

31 juillet 1909, 17h, rade de Cherbourg, à bord du *Vérité*

JE SUIS AFFECTÉ sur le cuirassé *Vérité*. Nous attendons l'entrée en rade de l'escadre russe qui accompagne l'Empereur Nicolas II et l'Impératrice de Russie au cours de leur tournée diplomatique dans toute l'Europe.

Autant dire que la tension est à son comble, et même le Pacha est quelque peu nerveux. Il faut dire qu'il a dû organiser pour ce soir un dîner de gala avec le Tsar, le Président Fallières et, au bas mot, sept amiraux.

Alors que les premiers officiels russes arrivent, je me demande :
dans quelle aventure tout cela va-t-il m'entraîner ?

À suivre...

Samuel Cornell Plant

Cornell Plant (1866-1921), surnommé « The Pilot » par tous les navigateurs du Yang-tsé, était rentré dans la marine marchande, sur les traces de son père, à l'âge de quatorze ans. Après avoir participé à l'exploration, pour le compte de la couronne britannique, des cours supérieurs de l'Euphrate, du Tigre et du Karun, il fut embauché en 1898 par Archibald John Little pour commander le vapeur *Pioneer* sur le haut Yang-tsé. Le premier, il franchit les rapides avec un bâtiment à vapeur en 1900. Il travailla ensuite pour la marine française de 1901 à 1909 (soit la durée de service de l'*Olry*). Il entraîna également des centaines de pilotes chinois. Il est enterré à Hong Kong.

Le lieutenant de vaisseau Grellier.

Jean Grellier (1867 – 1918) était entré à l'École Navale en 1884. Le commandement de l'*Olry* était sa troisième affectation en Extrême-Orient depuis les débuts de sa carrière. Officier breveté torpilleur et canonnier, il a commandé, outre la canonnière, un torpilleur à Brest, l'aviso-transport *Vaucluse* et la Marine à Madagascar, et enfin le cuirassé *Démocratie* pendant la Grande Guerre. Officier de la Légion d'Honneur et Croix de Guerre, il participe en 1915 aux opérations des Dardanelles et meurt à Corfou le 2 août 1918 de maladie, quelque temps après sa promotion au grade de contre-amiral.

Le médecin de marine Bourrut.

Le docteur de l'*Olry* est sorti de l'École de santé navale de Bordeaux. Lémerie Bourrut-Lacouture, de son nom complet, est né en 1879 à Ribérac. Les problèmes que rencontre la canonnière pour naviguer lui laisseront le temps de créer un dispensaire à terre à Wankiato pour soigner la population locale. Il servira ensuite, entre autres, à Toulon où il participera au sauvetage des marins rescapés de la terrible explosion du cuirassé *Liberté* en 1911 (il est nommé à cette occasion chevalier de la Légion d'Honneur), et pendant la Grande Guerre sur le navire-hôpital *France*. Il décèdera en 1955 à Royan.

Lexique des noms de lieux chinois

Les noms de lieux trouvés dans le texte, mais qui ne figurent pas dans ce lexique, correspondent à des localités qui ont changé de nom et qu'il n'a été possible de localiser sur aucune des cartes anciennes ou modernes que nous avons été en mesure de consulter : Tche-Tcheou, Liu-Kiang, Kiating.

Changhai : Shanghai 上海.
Chentou : Chengdu 成都, la capitale de la province du Sichuan.
Foushouen : Fushun 富顺.
Hankeou : Hankou 汉口, l'une des trois villes formant la métropole moderne de Wuhan, au confluent de la rivière Han et du Yangzi.
Hokau : Hukou 湖口, la « bouche du lac » (à l'entrée du lac Poyang).
Itchang : Yichang 宜昌.
Kiukiang : Jiujiang 九江.
Lou-Tcheou : Luzhou 泸州.
Nanchang : Nanchang 南昌, capitale du Jiangxi.
Nankin : Nanjing 南京.
Ping-chan-hien : *xian* de Pingshan 屏山, sur la rivière Min (voir *Suifou* ci-dessous).
Suifou ou **Suifu** : 水富. Romanisation ancienne de Xuzhoufu, ancien nom de la ville de Yibin, au Sichuan, en amont de Luzhou et de Chongqing. C'est le confluent de la rivière Min et de la rivière Jinsha (la « Rivière des sables dorés »), laquelle est le nom que prend le Yang-tsé en amont de Yibin : en aval il se nomme Changjiang, le « Long Fleuve ». En amont de Yibin, le Yang-tsé n'était plus navigable par les canonnières occidentales. La ville fut le siège d'un vicariat catholique à partir de 1860, ce qui explique que les marins français s'y rendaient régulièrement (La France étant protectrice des missions en Chine depuis le milieu du siècle précédent).
Tchong King : Chongqing 重庆, autrefois la plus grande ville du Sichuan, aujourd'hui une municipalité indépendante du même niveau que Pékin, Shanghai ou Tianjin.
Tchong-tchéou : aujourd'hui Zhongxian 忠县, petite ville en aval de Chongqing.
Tzé Yang Hien : *xian (district)* de Ziyang 资阳.
Outchang : Wuchang 武昌, l'une des trois villes formant la métropole moderne de Wuhan, de part et d'autre du Yangzi.
Wankiato : Wangjiatuo 王家沱. Quartier de Chongqing, sur la rive droite du fleuve, en face de la vieille ville ; il existe aujourd'hui une autre localité portant ce nom, plus loin en aval sur le fleuve.
Wan-hsien : aujourd'hui Wanzhou 万州, petite ville en aval de Chongqing, pas tout à fait à mi-distance de Yichang.
Wucheng : Wucheng 吴城, sur le lac Poyang. À l'embouchure de la rivière Ganjiang que l'on doit remonter pour arriver à Nanchang, au bout d'une soixantaine de kilomètres.

Dominique Denis est photographe ; outre la mise en page et le design de cet ouvrage, il a réalisé les scans haute définition des plaques de verre originales. Cette « restauration », grâce aux retouches numériques qu'il a effectuées, nous a permis de rendre hommage à la modernité de l'excellent photographe que fût Victor Bermon.

Alexis Brossollet est éditeur mais il est également capitaine de vaisseau et spécialiste de la Chine, cet ouvrage bénéficie ainsi de cette double expertise.

Avec eux, j'ai pu réaliser un vieux rêve, que Jean Paul-Sartre exprimait ainsi: « Pour que l'événement devienne une aventure, il faut et il suffit qu'on se mette à le raconter ».

Guillaume Hassler

www.ingramcontent.com/pod-product-compliance
Lightning Source LLC
LaVergne TN
LVHW072116060526
838201LV00011B/248